MR. WILLIAM
SHAKESPEARES
COMEDIES,
HISTORIES, &
TRAGEDIES.
Publiſhed according to the True Originall Co...

LONDON
Printed by Iſaac Iaggard, and Ed. Blount. 1623.

《莎士比亞全集》第一對開本扉頁

1 這幀第一對開本扉頁上的莎士比亞像很奇怪，左肩肩飾是正面的，右肩卻是背面的，是左肩的背面，一圓一直不搭配。During-Lawrence說，這表示是左手寫作，意思是暗地裏祕密寫作。當時的英語凡是祕密著作便說是左手寫作。又，仔細看莎像的頭部，自耳垂下多了一條弧線，居然是戴了一副假面具。這幀莎像確是有文章，表示莎士比亞不是真作者，乃是冒牌貨。所有莎像都是意想造像，並非本人寫真。

Mr. WILLIAM
SHAKESPEARES
COMEDIES,
HISTORIES, &
TRAGEDIES.
Published according to the True Originall Copies.

LONDON
Printed by Isaac Iaggard, and Ed. Blount. 1623.

2	3
4	

莎士比亞群像（一）

2 第一對開本像

3 第四對開本像

4 Chandos作

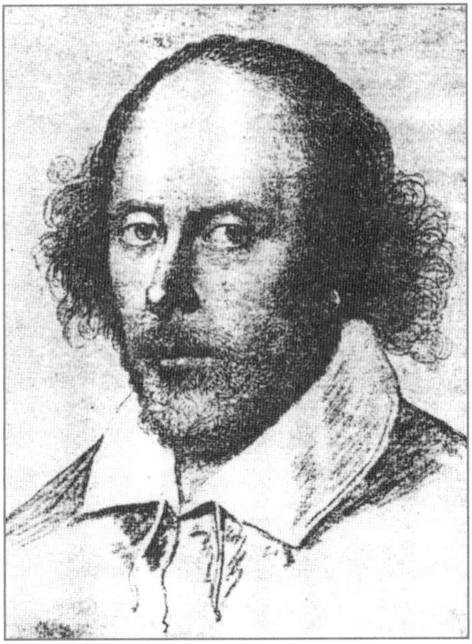

5	6
7	

5 Chandos作
6 Flower作
7 Flower作

8 Ely Palace作
9 Felton作
10 Jannsen作

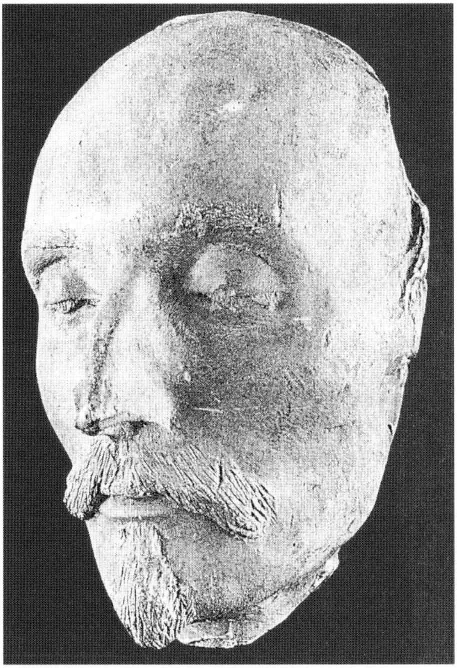

11 | 12
13

11 Ashbourne作

12 Hunt作

13 Kesselstadt作，莎士比亞死面具

14
15

莎士比亞群像（二）

14 原始斯特拉福三一教堂莎士比亞半身紀念造像，載羅伊一七〇九年莎氏傳。莎氏右手尚未拿筆。

15 莎士比亞半身紀念造像，載Dugdale 一六五六年《華威克郡》一書。(a)

16
17

16 莎士比亞半身紀念造像，現在。(c)

17 莎士比亞半身紀念造像，載Dugdale 一六五六年《華威克郡》一書。(b)

18 | 19

18 莎士比亞半身紀念造像，現在。(d)

19 莎士比亞半身紀念造像，現在。此像開始拿筆，鵝毛管筆可任意換。(a)

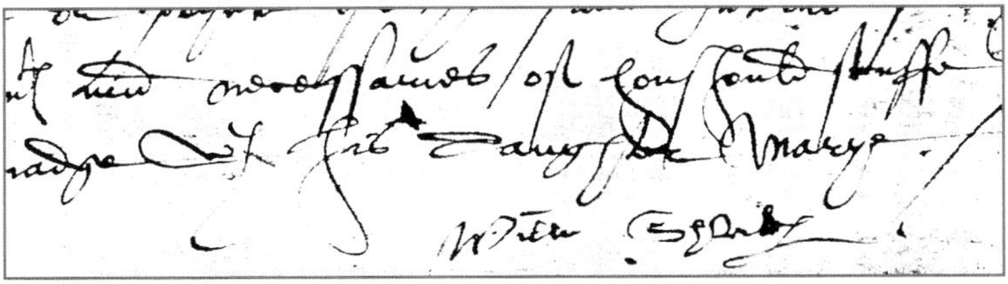

20 | 21

20 莎士比亞半身紀念造像，現在。筆奇大。(b)

21 莎士比亞作證簽名，一六一二年五月十一日。

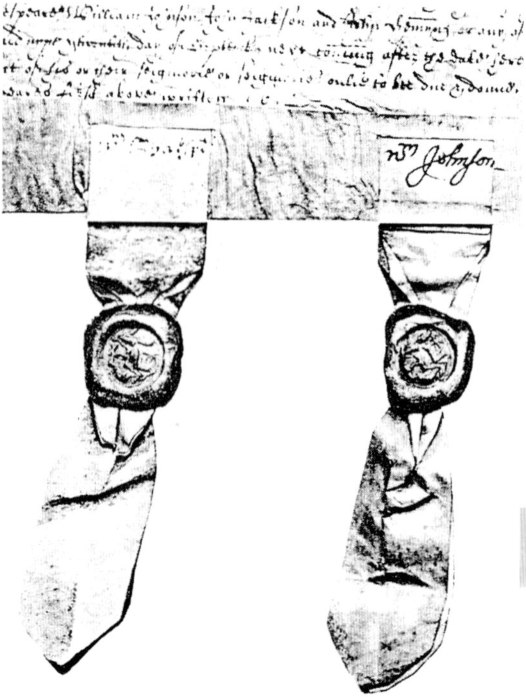

22 莎士比亞買賣簽名(一)一六一三年三月十日。

23 莎士比亞買賣簽名(二)一六一三年三月十一日。

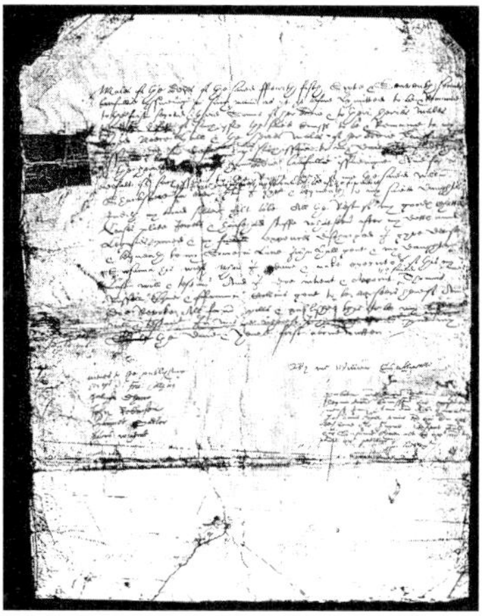

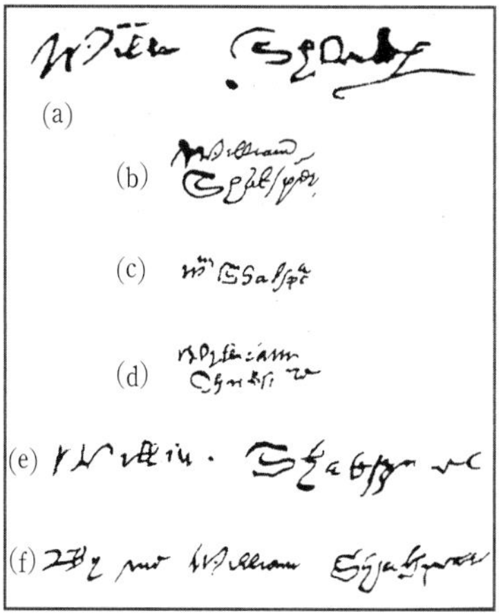

24 | 25
26

24 莎士比亞第三張遺囑及簽名，姓名之前兩字是 By me。

25 莎士比亞的簽名：
莎士比亞的簽名是英文式的，當時有學識的人的簽名流行採用意大利文式的，可知莎士比亞的身份。莎士比亞僅存的六筆簽名：(a)作證簽名，(b)買賣簽名，(c)買賣簽名，(d)遺囑第一張簽名，(e)遺囑第二張簽名，(f)遺囑第三張簽名。

26 以莎士比亞之名出版的最早戲劇《愛的徒勞》，但其姓拼做：Shakespere。

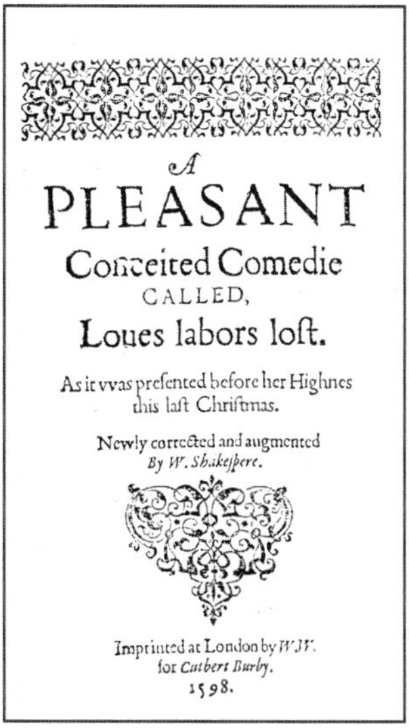

A
PLEASANT
Conceited Comedie
CALLED,
Loues labors lost.
As it vvas presented before her Highnes
this last Christmas.
Newly corrected and augmented
By W. Shakespere.

Imprinted at London by W.W.
for Cutbert Burby.
1598.

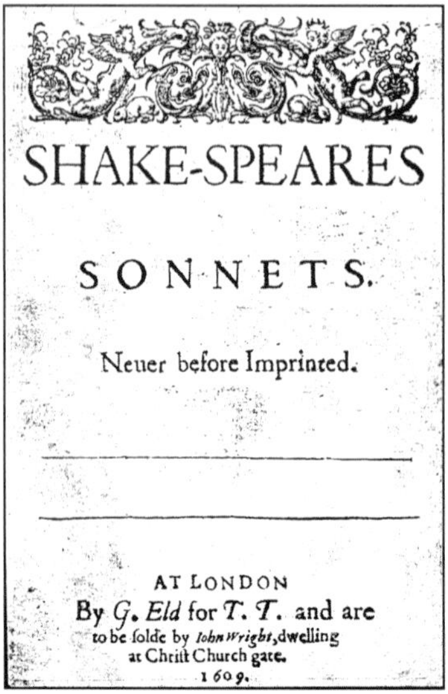
SHAKE-SPEARES

SONNETS.

Neuer before Imprinted.

AT LONDON
By G. Eld for T. T. and are
to be solde by Iohn Wright, dwelling
at Christ Church gate.
1609.

27 | 28

27 一六〇九年出版的《十四行詩》，莎士比亞的姓氏中間有連接號，即：SHAKE-SPEARES。

28 Sir Thomas Lucy, buried in Charlecote church, 1600．湯瑪士·魯西爵士一六〇〇年葬於 Charlecote 教堂。

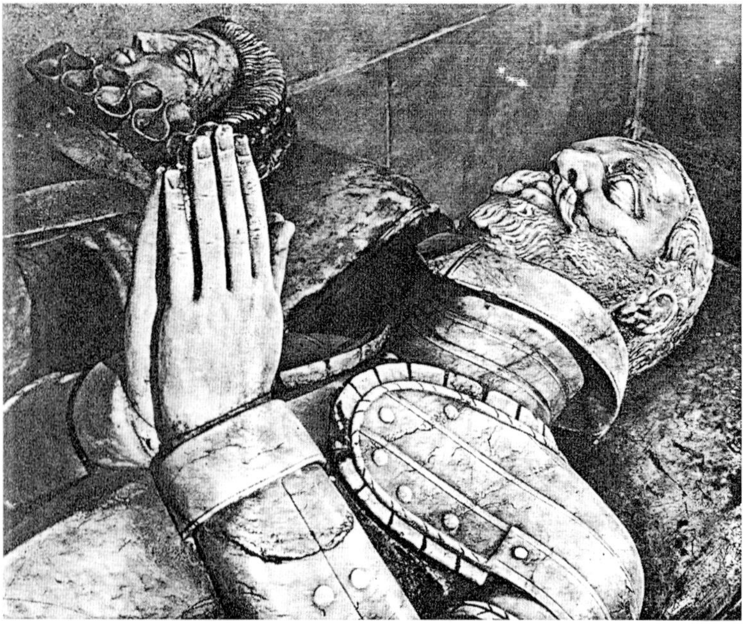

Plate I.
FROM "SYLVA SYLVARUM," 1627.

29 | 30

29 培根像(一)

30 培根像(二)

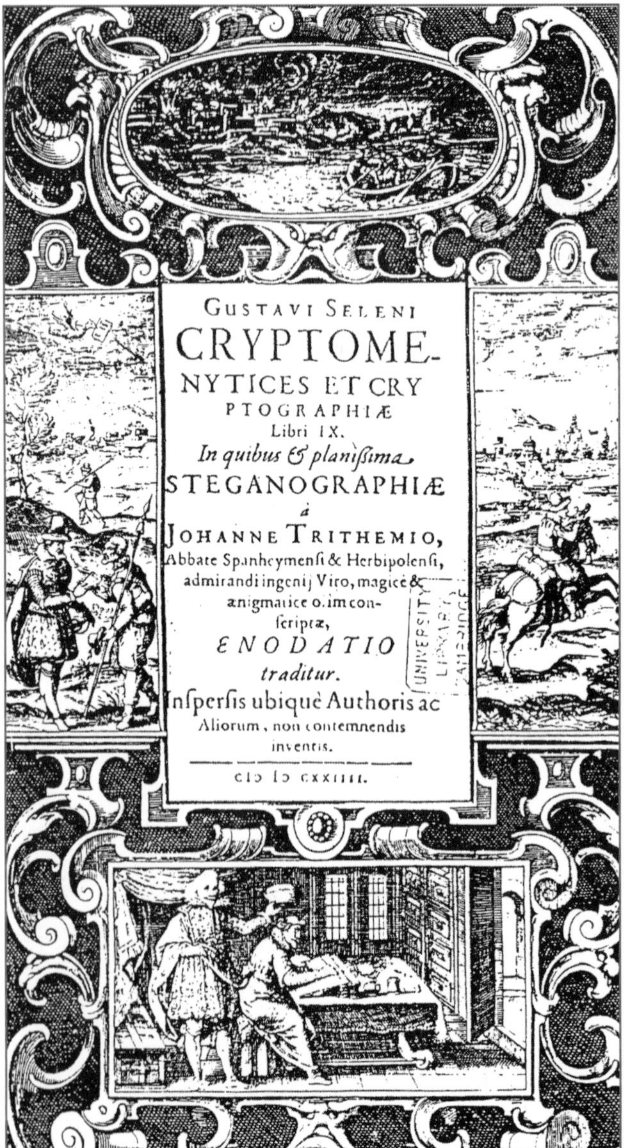

GUSTAVI SELENI
CRYPTOMENYTICES ET CRYPTOGRAPHIÆ
Libri IX.
In quibus & planissima
STEGANOGRAPHIÆ
à
JOHANNE TRITHEMIO,
Abbate Spanheymensi & Herbipolensi,
admirandi ingenij Viro, magicè & ænigmaticè olim conscriptæ,
ENODATIO
traditur.
Inspersis ubiquè Authoris ac Aliorum, non contemnendis inventis.

CIƆ IƆ CXXIIII.

31《暗號記法書》扉頁

32｜33

32《暗號記法書》扉頁部分(左)

33《暗號記法書》扉頁部分(右)

34 | 35

34《暗號記法書》扉頁部分(上)

35《暗號記法書》扉頁部分(下)

三民叢刊166

莎士比亞識字不多?

陳冠學著

三民書局印行

自序

莎士比亞只是一個演員、戲院經理、投機生意人，而不是作者，這早已是鐵的事實。但人之通性好感情用事，而不好動頭腦，這個鐵的事實因之仍一直被埋沒，而莎士比亞，一個沒有多少學識，識字不多的人，居然被選為千年來最偉大的文學天才。要數計人類的糗事，此事應可算是第一件最大的糗事。

只要肯讀一讀莎士比亞極有限的生平資料而不感情用事，立刻便會看到莎士比亞不是作者這個事實，他根本沒有能力寫詩寫劇本，但人們因為感情用事，像信仰神佛信仰宗教，硬把烏有子虛的事當真實來崇拜。可見，要人動一動頭腦是一件多麼不容易的事。只要人不肯動頭腦，盲信便統治著人生的各個角落，莎士比亞被誤認為千年來最偉大的文學天才，只是盲信人生的一個小角落而已。

盲信者太多太多了，幾乎百分之九十九的人都是盲信者，也就是說幾乎百分之九十九的人都是沒頭腦的人，這是一個極端可怕的現象。學者，不盲信嗎?學者照樣是盲信。本書中提到的英國文學家歸化日本的小泉八雲是典型的一個可怕的例，他因為盲信而不肯動頭腦，居然將「天才」兩字意想成「神」——一個無所不能能無中生有的無限能力。

做任何事都要有憑藉。希臘大數學家阿契米德(Archimedes)說，給我一個支點，我能夠將地球舉起來。這個支點便是憑藉。沒有憑藉，任何事都做不來。莎士比亞所以不是作者，就為他沒有學識憑藉。

莎士比亞一生，一直在跟作者威廉・莎士比亞撇清界線，一直到死，他都在為此事苦惱耽心，他是誠實的人。

可是他死後三個半世紀以來，他一直被誤認是作者，且是超級的偉大作者。讀者讀過本書，應能還莎士比亞一個清白，他絕對不是一個掠美者。

這把聖火在臺灣重新點燃，希望不久的將來，這聖火能夠由臺灣再度傳回英國，傳到世界各地，解除人類這一件最大的糗事，也好讓莎士比亞的靈魂得到真正的安息。

大約二、三十年前，讀到坪內逍遙日譯莎氏全集的第四十冊，纔知道莎士比亞不是作者，此事一直在我的腦中發酵，前年秋，我終於放下一切，全力投入這個問題的研究。去年冬，陸續獲得更多的資料，目前正式寫成這本書，主旨只在解明莎士比亞本人並不是作者，至於真正的作者是誰，卻不在本書主旨之內，但本書下部的兩篇文字已約略有了解明，讀者如不想進一步探究，筆者以為本書已然很完足了。

大熱天的中午，慶島科技公司邱清華先生為我跑東京舊書街，帶回來四十冊資料。劍橋大學張洋培博士及其夫人黃素鶯女士，為我幾十度跑劍橋圖書館，親自拷貝數千頁絕版資料。廖貴蓮女士從中為我連絡。他們四位的熱心幫助，除深深致上謝意之外，應該在本序文中永誌不忘。

本書寫作期間，受邱清華先生和廖貴蓮女士在生活上在各方面多所資助，尤令我感念不盡。他們二位，都是我的學生。

劍橋的印影資料每一到，小女岸香便一一先讀，為乃父做劄記或做記認，確是我的一個好助手。她還據G. B. Harrison版莎氏全集，做不二字統計，到後來做得頭暈眼花，還剩兩個劇本和三篇詩未做完，已得一萬三千二百多字，可見Max Müller的一萬五千字是可信的。

這本書惟恐寫不到完稿，如今竟已脫稿，自是十分欣慰。

一九九七年端午節　陳冠學　識

附記：小女岸香莎集不二字終於做完，汰棄重複，凡得一萬三千一百七十六字。但他取字甚嚴，如be動詞，但取be字，其他如being、been、am、are、is、was、were一概不取。她也做了狄更斯統計，未做完，已得九千多字，她自己已附入尾校第七十四頁文末。

——一九九七年十二月一日著者

目錄

自序

上部

一、莎士比亞識字不多？ 3

二、誰是莎士比亞？ 29

三、餘說 51

英鎊今昔 51
莎士比亞未偷鹿？ 53
莎士比亞偷鹿 55
約翰父子不屠牛？ 59
莎士比亞當過小學教師？ 61
約翰放高利貸 62
莎墓被盜 63
莎士比亞的墓頭呪語 64
血液循環說 66
巫術 70
莎劇作者識多少字？ 71
成功文學家的早年徵兆傳說 75

莎士比亞的學識問題　78
莎士比亞對斯特拉福的緘默　80
斯特拉福虛實談　82
偽造者　86
幾部冒名莎士比亞的詩與戲劇　92
文人之書信、文章與藏書　94
M.S.DAY 的論點　96
杜蘭的成見　98
以《漢姆列特》為例　100

下部

一、引言　111

二、理由一　115
三、理由二　175

附錄

莊周即楊朱定論——莊子新傳　205

上部

一、莎士比亞識字不多？

莫說《狹義相對論》、《廣義相對論》沒讀過，即使《相對論淺說》一類書，一般人也都沒讀過，但人們都曉得有個偉大的物理學家愛因斯坦。莎士比亞戲劇誰讀過？但人們都曉得有個曠古天才最偉大的戲劇家最偉大的詩人莎士比亞。莎士比亞生於一五六四年，歿於一六一六年，直到二十世紀末的今日，名氣還能跟本世紀的愛因斯坦齊揚，受到億萬人的崇敬、愛戴與豔羡，真是一個最有價值的人。

莎士比亞在世時，已被尊稱為大師，為年輕一輩詩人所歌頌，死後還受同時代古典大家、大戲劇家與詩人班江森的詠讚，可謂其生也榮，其死也哀：

你的維納斯與露克蕾絲，甜美而貞堅，
你的美名已經登錄在不朽的書卷，

你的美譽將永垂人間。

（一五九七年）

——R. Barnfield (1574–1627)

時代的靈魂！
鼓掌！歡欣！我們舞臺的奇觀！
我的莎士比亞，起來！我不願將你放在
喬塞或史賓塞之旁，或叫包蒙
挪一挪，給你挪出位置。
你是一座紀念碑，無須夜臺（墳墓）。
你書不朽，你精長存，
我們有智慧閱讀並奉獻讚美。
我不列顛的鴻烈，得一以展，
歐洲全舞臺都該向他致敬，

他不隸於一代，而是生為萬世。

（一六二三年）

——Ben Jonson (1573–1637)

十九世紀英國大散文家卡萊爾(Thomas Carlyle, 1795–1881)在其《英雄與英雄崇拜》一書中，推崇莎士比亞到了極點：稱他為至尊詩人(sovereign Poet)、自古以來全體詩人的領袖(The chief of all Poets hitherto)、世界有記錄以來最偉大的才士、太陽般自上照臨世界的光、偉大如世界，時間、機會、議會或一切聯合議會所不能推翻的英國人的王；又謂為了莎士比亞，任一英國人，千百萬整群的英國人，甚至英國所有最高的名人，英國殖民地印度帝國，都可犧牲棄去。

英國人暱稱莎士比亞為阿芬的詩人(Bard of Avon)。浪漫詩人柯列律治(S. T. Coleridge, 1772–1834)稱他為我們無量數顆心（具萬眾心）的莎士比亞(Our myrial minded Shakespeare)、普羅宙斯（Proteus，希臘神話中牧海豚的海神，善變形）、第二造化(second nature)。

莎士比亞全集的日譯者坪內逍遙讚歎道：莎士比亞宛似容許千萬種互歧解釋而有餘裕的大宇宙，眺望他只覺得其偉大。

其實莎士比亞的蜚聲隆譽是自歐洲大陸輸回英國的；而尤其是德國，自康德以下而謝林、黑格爾、叔本華、哈特曼至陸宰，這些橫亙整個十九世紀浪漫派的德國大哲學家，其大聲威對莎士比亞讚譽的餘威震撼了全世界，而德國文學界自赫爾德、列辛、歌德、席勒、修雷格爾等大文豪則煽起了莎士比亞崇拜熱，莎士比亞的聲譽與地位，遂扶搖直上九天，成為近世無與匹敵的最偉大作手。

三百年來研究莎士比亞的著作，可謂汗牛充棟。單是大英百科全書有關莎士比亞著作的研究，便分為二十一門，其第九門有關作者特殊智識方面，便涵蓋：聖經、民間信仰、魔術、神通、妖譚怪說、山林、打獵、釣魚、植物、動物、遊戲、技藝、歐陸地理風俗、航海、博物學、兵學、心理學、哲學、醫學、印刷術、法律學等種種。可見得莎士比亞常識、學識、閱歷之廣博深邃的一斑。

據繆勒(Max Müller, 1823–1900)的統計，有教養的英國人一般使用的英語語彙約在三千語（字）至四千語之間，即使是大辯論家、大思想家也罕能超出一萬語。《舊約》用語號稱豐贍，也只有五千六百四十二語。彌爾頓（《失樂園》的作者）有八千語，而莎士比亞則達到一萬五千語。至於莎士比亞的語法、句法及詩格、詩律、詩風的多變化，這又是另一問題。

可見得莎士比亞是實至名歸，不是虛聲。

莎士比亞的生平

提起莎士比亞生平事蹟的記錄，以他這樣超越前人的大成就，且又不是古人，有關他的傳記應該是很詳贍的，而事實卻正相反，莎士比亞的傳記非常缺略，有真憑實據的事蹟，少之又少。

莎士比亞生平的調查作傳，是在莎士比亞謝世七八十年後纔有的。奧伯雷(John Aubry, 1626–1697)和羅伊(Nicholas Rowe, 1674–1718)兩人都是莎士比亞傳記的最初作者（單篇）。奧伯雷親自到莎士比亞的出生地斯特拉福去調查，羅伊則派 Thomas Betterton 去斯特拉福調查。二人取材互有出入，而解釋與推測亦不盡相同。這是莎士比亞傳記的基礎，再後為莎士比亞作傳可取者近二十家，都是單篇欠翔實。號稱翔實，公認是莎氏最佳傳記的，是西德尼・李(Sir Sidney Lee, 1859–1926)的《莎士比亞傳》（*A Life of Shakespeare*，一八九八年初版，一九一五年改版）。此書有杜若洲先生的中文精譯，中華日報社印行。

一七八〇年喬治・史提芬斯 (George Steevens, 1736–1800) 校訂約翰孫（英語辭典的創編者）編的《莎士比亞全集》（一七七三年），為了不願意有一字不實，給莎士比亞寫下的生平事蹟，只有寥寥幾句：

> 生於阿芬河上的斯特拉福(Stratford-on-Avon)。在當地結婚，育有子女。赴倫敦當戲子。著有詩篇、腳本〔數十種〕。〔四十歲後〕返回生地居住，留下遺書，死，葬於該地。

據威爾遜(Ian Wilson)的《莎士比亞考證》(*Shakespeare: the Evidence*，一九九四年美國初版；英國初版是一九九三年）所引，無〔數十種〕〔四十歲後〕的字樣，而坪內逍遙所引日譯則有，料係坪內誤增，因為生卒年都未標出。

這寥寥幾句（總共只有五句），比起司馬遷《史記》的〈孟子傳〉〈莊子傳〉還短。可見得莎士比亞生前雖大出名，生平卻極端隱晦，這極為違反常情，是極端的非常態，裏面該隱伏著一些問題。筆者對這問題有淺薄的一解，故提出來就正於廣大的莎士比亞讀者群。

其實奧伯雷、羅伊二氏搜集的莎士比亞生平資料，因為去莎士比亞不遠，無論真偽均可貴。西德尼・李便全都採入了。以下是西德尼・李莎氏傳的述要（間亦增入新資料）：

約翰・莎士比亞的第三個孩子，也是他的長子，於一五六四年四月二十六日在斯特拉福的三一教堂受洗，受洗記錄（拉丁文）：Gulielmus filius Johannes Shakespere。這句拉丁文，哈里遜(G. B. Harrison)在其所編《莎士比亞全集》的楔子第二節〈莎士比亞生平〉中附有英文對照：William son of John Shakespere（威廉，約翰・莎士比亞之子）。按當時的習俗，孩子出生三日後受洗，故莎士比亞是一五六四年四月二十三日出生。

約翰和他的妻都是文盲，連姓名都不會書寫，以畫押代替簽字。約翰的職業，包括：農夫、屠夫、手套商，最發達時，當了斯特拉福的首長（一五六八年）。一五七二年，家道開始沒落。莎士比亞被推定七歲（一五七一年）入當地文法學校（學習拉丁文），十三歲（一五七七年）輟學，因為約翰財務困難。

莎士比亞失學後，據說當了屠牛的學徒，大概約翰又重操舊業了。奧伯雷說他（莎士比亞）：屠殺小牛，手法十分高明，還會得意地即席演說一番。這令人想起《莊子》書中的庖丁。

十八歲半（一五八二年），莎士比亞未成年，跟同為斯特拉福教區夏特雷村莊(Shottery)一個大他八歲的女人，在當時是太老的老處女結婚，教堂記錄是十一月二十八日。結婚教堂不在斯特拉福教區，而是在鄰區的烏爾斯特主教區。因為未成年結婚不合法，還繳了四十鎊的保證金，由兩個夏特雷農人冒稱斯特拉福居民繳納，大概是女方出錢。男方父母未參加婚禮，這一門婚姻之不愉快不光彩可以想像得到。半年後，莎士比亞當了父親，生了一個女兒（一五八二年五月二十六日受洗登記）。大概這是問題所在。傳記家普遍認定莎士比亞是誤上賊船，中了圈套；但也由此可見莎士比亞本人少年時代是什麼貨色。一五九七年，莎士比亞三十三歲，買了斯特拉福第二大第宅，包括一棟大邸第、兩座穀倉、兩座花園、兩所果園，總花了六十鎊，可知結婚保證金四十鎊是什麼數目。

兩年後，一五八五年，莎士比亞二十一歲，又得了一對孿生子女。西德尼・李斷定這一年的下半年，莎士比亞離開了斯特拉福，翌年春，人在倫敦。莎士比亞這一去十一年都未再回過家。

西德尼・李肯定地說，根據一項可靠的傳說，莎士比亞因偷獵而被迫出走。一七〇九年羅伊為第四對開本《莎士比亞全集》做校訂寫的莎士比亞傳斬釘截鐵地說，莎士比亞是交友不慎，不止一次去偷獵當地士紳湯瑪士・魯西爵士苑囿裏的鹿和兔，受到嚴厲的處罰（按係坐三個月的牢和被鞭打）。西德尼・李斷定偷獵事件可能發生在一五八五年（二十一歲）。莎士比亞寫了一首民謠貼在鹿園門口以為報復，因用語太刻薄，魯西爵士大大憤怒，莎士比亞只得出走他鄉，以避災禍。

既然莎士比亞是屠牛高手，因交友不慎，失足做了偷鹿偷兔的賊，從技術上說，是再自然不過的一件事。

自一五八六年至一五九一年（二十二歲至二十七歲）六年間，莎士比亞的行蹤不明。一個名叫威廉・比斯頓的十七世紀演員曾經聽人說，莎士比亞年輕時做過鄉村小學校長。此說太離譜。莎士比亞纔只有小學畢業程度，怎可能做起教師且做起私塾的負責人？又有人說，莎士比亞跟一幫少年投軍去了。西德尼・李說，這是跟同郡同名姓者混淆了。也有人說，他在倫敦一個律師手下當助理。這是根據莎士比亞戲劇頗多涉及法律做的推測。果真莎士比亞投身法律行業，不可能下喬木入幽谷再轉業投入戲劇。較可靠且跟莎士比亞後來的事業成一貫的又一說法，是說他初到倫敦，投在戲院，為客人照料馬匹。當時倫敦的戲院全在城外田園之中，觀客得騎馬來。

一五九二年（莎士比亞二十八歲），諷刺小說家納虛(Thomas Nashe, 1567–1601)在他這一年出版的小說《窮極不名一文向魔鬼哀求》(*Pierce Penniless, his Supplication to the Divell*)中稱讚莎士比亞，可證莎士比亞已經有戲劇演出，演出的作品是《亨利六世》（第一部）。西德尼・李也說，自一五九二年起，莎士比亞和柏貝奇的劇團保持了二十多年的關係，直到事業結束，乃是有案可查的。

據上舉二事，莎士比亞的劇本寫作，至遲不能遲過一五九〇年（二十六歲）。此時，按照傳統的傳記講法，莎士比亞已身兼三職：演員、編劇、股東。

一五九三年（莎士比亞二十九歲），《維納斯與阿多尼斯》長詩在倫敦出版，未標明作者的姓名，但有威廉・莎士比亞具名的獻詞，獻給第三代騷參普敦伯爵。翌年又出版第二部長詩《露克蕾絲》，也未標作者姓名。莎士比亞名下著作的出版，要到一五九八年纔有標名。這兩部長詩都受到讀者的熱烈歡迎，也受到詩界的崇高肯定。

一五九六年（三十二歲），莎士比亞的孿生兒子夭折，莎士比亞於離家十一年後，纔首次返鄉。西德尼・李關於此事，前後文略有出入，前文說他十一年間很少回去看妻兒，後文忘記了前文，只說這纔首次回家。顯然前說是在為莎士比亞之不近人情緩頰。

一五九七年（三十三歲），如前文所述，這一年，莎士比亞以六十鎊在斯特拉福購置該市鎮的第二大第宅。

一六〇二年（三十八歲），莎士比亞又在斯特拉福以三百二十鎊的大資金買下一百零七英畝的地皮。

一六〇七年（四十三歲），這是演員名單上有莎士比亞名字的最後一年。極可能這一年年底前，他已退隱返鄉。

一六〇九年（四十五歲），《十四行詩集》被一名叫湯瑪士・梭甫普的人偷偷印行（當時尚無著作權的觀念）。這部詩集，無疑是空前的傑作。至此莎士比亞被公認是前無古人的大詩人和大戲劇家。

一六一一年（四十七歲），傳記普遍認定莎士比亞這一年退隱故鄉。

一六一六年（五十二歲），二月由律師為莎士比亞立遺囑，四月二十三日去世，何病不詳。此時他的老妻還健在（她死於一六二三年，得年六十七），遺囑留給她家裏第二好的一頂眠床，後人不曉得他是何意。葬在本區三一教堂祭壇園內，墓碑上無名無姓，只刻著他自己做的四行詩：

好友緣於基督，
慎勿掘此遺骸；
護此石者得福，
移吾骨者遭災。

莎士比亞的生平與其成就之對覈

《莎士比亞全集》的成就是文字的偉大成就，包括語文深厚的涵養、學識和閱歷的豐富，但這些條件我們在莎士比亞的生平中看不到。莎士比亞到底有無讀過那六個年頭的小學，還是未能確定。只因為他十四歲操屠牛業，只因為他小時候正值約翰・莎士比亞一生最得意的年段而推論他在十三歲之前一定上過小學。即使他確實在小學裏讀過六個年頭，十四歲學屠牛，十八歲被誘跟二十六歲的老處女野合，二十一、二歲偷鹿被迫背井離鄉，這八、九個年頭之間，這一段人生的黃金時段，他是典型的浪蕩少年，不親書本，跟學問無緣是顯而易見的（況且父母都是文盲，家無書香）。據前引資料，如果《亨利六世》第一部那部戲劇果真出於他的手筆，他至遲得在一五九〇年，也即是在二十六歲這一年，便已著筆。一個不學無術的駘蕩少年，只隔四、五年時間，且這四、五年期間，他是投身在替戲客照料馬匹、打雜的賤役（這正符合他的身份），進而晉陞為演員的變化中，他能一步登天，一下子搖身一變，成為飽學之士，為閱歷豐富（包括市井與宮廷）的劇作家，接著在幾年內寫出為數不少前無古人的大劇作和三卷大詩篇嗎？這是不可能的事。天才，不錯，宋朝嚴羽在他的《滄浪詩話》裏寫道：「詩有別才，非關學也。」（但起碼也得有文字的功力）。單純的文學創作，天才就是本錢，不靠學問和閱歷，天才便是惟一的憑藉。但是《莎士比亞全集》，如前文所舉，語文功力為彌爾頓的一倍，內容幾乎包羅了當時大學裏各個科系的學問，包含了人世的各個方面，這些個憑藉，在天生的才質中是一絲兒也沒有的。無中不能成有，因此我們只能否定莎士比亞是《莎士比亞全集》的作者。讀者請回顧《大英百科全書》的二十一門，尤其是第九門。

莎士比亞謝世後第七年出《莎士比亞全集》，班江森為全集撰寫卷頭詩道：「他懂得一點拉丁文，希臘文懂得更少。」班江森小莎士比亞九歲，是精通希臘文拉丁文的古典大學者，他的第一齣戲，喜劇《人各有性》，演員名單上莎士比亞便排名第一，他的第二齣戲，悲劇《塞脅納斯》，莎士比亞也是他的演員。二人相當熟悉要好，可謂相知甚深。班江森的詩是據實而言的，但言外不無隱含遺憾之意。我想班江森必不至於懷疑莎士比亞，這是人格尊重。但但憑那懂得一點，莎士比亞是讀不來用拉丁文寫的古籍和今籍的，希臘古典更不用說。故法穆爾 (Richard Farmer,1735–1797) 在其專著《論莎士比亞的學識》(*Essay on the Learning of Shakespeare*, 1767) 一書中說：「莎士比亞只懂得本國語文。」

按莎士比亞的寫作資料來源，本國歷史、傳奇之外，廣採自希臘古典、拉丁古典以及近代當代意大利文和法蘭西文作品。莎士比亞連拉丁文都只懂得皮毛，意大利文和法文更是無望，他之一竅不通，自不待言。故法穆爾說他只懂得本國語文是正確的。但西德尼・李卻說，莎士比亞頗為精通拉丁文，而法文程度與拉丁文相當，意大利文則不太陌生，應略能看得懂，真是胡扯一通。莎士比亞自斯特拉福出來，四、五年間，那來有了這樣的通天本領？人一感情用事，便瞎了眼，看不到真相了。一般在語文上為莎士比亞解圍的人，則有另一說法，即將希羅法意作品經本國前人改寫化或英譯化。在莎士比亞初到倫敦之前，確有一、二種古典的英譯，如希臘傳記家普魯塔克(Plutarch, 46?–120?)的《英雄傳》（*Vitoe Parallelae*，駢儷列傳）、羅馬詩人奧維德(Ovid, 43 B.C.–17? A.D.)的《變形記》(*Metamarphoses*)。試想想，歐洲印刷術剛起步，倫敦人口纔只有十萬上下，有能力承載多少譯本？歐洲印刷術未興以前，一部手抄書值相當大的一塊田地來交換。此時印刷業初起，書貴得很，不是人人買得起的。一六二三年出《莎士比亞全集》第一對開本，一巨冊，近千頁，每冊售價一鎊，只印行兩百五十部。小冊子，印量多，如一五九三年出的《維納斯與阿多尼斯》，則為六辨士，也是不便宜。倫敦養得了要經年累月來翻譯的翻譯出版業嗎？至於改編自希羅法意荷西的劇本的出版更是困難，買手能有幾人？

《莎士比亞全集》內容本身便顯示，其作者除了本國語文之外，還具備希羅法意語文精通至少頗通的能力。如《錯誤的喜劇》取材自羅馬喜劇家普勞特斯 (Plautus, 254? B.C.–187? B.C.)的《雙胞胎》(*Menaechmi*)一劇，被推定是一五九〇年至九二年間的作品，而《雙胞胎》英譯本的問世則在一五九四年。《威尼斯商人》取材自十四世紀意大利作家喬凡尼・菲歐倫提諾爵士 (Sir Giovanni Fiorentino) 所蒐輯的一本小說集，被推定是一五九四年至九六年的作品，而該小說集英譯本問世在一五九九年。《仲夏夜之夢》取材自《變形記》，《變形記》雖已有英譯本，作者卻直接採用了拉丁文原本。《奧塞羅》取材自當代意大利小說家辛替歐

(Cinthio, 1504–73)的小說集《故事百篇》(*Hecatommithi*)，當時也無英譯本。至於莎劇中隨處運用羅馬哲學家悲劇作家辛尼加 (Seneca, 4?B.C.–65A.D.)、羅馬詩人賀瑞斯 (Horace, 65–8 B.C.)、奧維德等拉丁大家的名句，卻不是諸人作品斷片英譯所能範圍的。以上略舉數例，已可證《莎士比亞全集》寫作不是只懂本國語文者所能從事。故西德尼・李不得不硬認莎士比亞通拉丁、法、意文字，否則便免談了。

主要的證據，可查考到莎士比亞的藏書上。如前文所言，當時書本是昂貴品，一旦購置，不可能輕易棄去。若莎士比亞自少年時代便是個好學之士，直貫到他有驚人的豐富著作的青壯、中老年，必積有不少藏書。先查考他的少年時代乃至童年時代。他的父母都是文盲，莎士比亞的早年，家裏有藏書的可能性極小，這是學識上致命的一個問題。莎士比亞的兩個女兒也都是文盲，若他那個十一歲夭折的男孩子不夭折的話，也是個文盲。他的妻當然是文盲。令人想見莎士比亞似乎識字不多，對於文字似乎沒有多少感情和重視。他的遺囑很瑣細，連碗都提到，卻沒提到書本。做為曠古大學問家《莎士比亞全集》的作者，這是一件不可思議的奇聞。按莎士比亞若是作者，讀過的希羅古典、法意近代當代的著作、本國前代當代的書，至少也有五十部至一百部，不可能一部藏書也沒有。書本很貴重，他有這麼一批藏書的話，非提到不可。卡萊爾稱他是 the greatest intellect（最偉大的才士）。Intellect 此字難譯，我是援用莊子在〈天下篇〉評墨子「才士也夫」的才士來譯此字。墨子通三墳五典八索九丘及百國春秋，在他那個時代，當得是 the greatest intellect。莎士比亞果真是飽學之士，一定有豐富的藏書，今若此（《孟子》〈齊人章〉語）！卡萊爾大概沒讀到莎士比亞的遺囑，否則他對莎士比亞的學殖，當不會這樣一面倒地傾倒。

約略跟史蒂芬斯校訂約翰孫編的《莎士比亞全集》同時（一七八〇年），另一學界名人 James Wilmot，離開倫敦，到位在斯特拉福之南只十四英里遠（一說在其北六、七英里）的小村莊當牧師，他遍訪以斯特拉福為中心方圓五十英里內的公私藏書室，連最隱僻的也不漏過，未查訪到一本莎士比亞曾經擁有過的書，也未見有他寫給人的任何書信，他的戲劇草稿也一頁未見。莎士比亞果真是飽學之士，他退隱還鄉，藏書是一定會帶回來的，生前死後如有散失，方圓五十英里的範圍，應該夠張成一張天羅地網，即使網羅不到全數，也不該網羅不到一、二冊。可見莎士比亞和他目不識丁的父親約翰一樣，赤裸無書。但是牛津大學卻收藏有一本拉丁原文本威尼斯版的《變形記》，扉頁上 W^m. Sh^e. 的簽字，相傳是莎士比亞的藏書。但西德尼・李也說，此書的真偽有問題。《變形記》有英譯本，若此書果真是莎士比亞的「惟一」藏書，可見得莎士比亞為情勢所迫，曾經下定決心要好好兒對照英譯本，學學拉丁文。班江森是考過莎士比亞的拉丁文的，這顯然是一大壓力。西德尼・李的傳記裏提到當時有個演員跟班江森說，莎士比亞無論寫下什麼，從來不刪除一行。其實目前定型的莎士比亞戲劇，是經過許多版本的校訂者一個接一個校改修訂過來的。莎士比亞不刪改他的腳本，因為他是掛名者，他根本動不了它。除非是這種情形，否則沒有一個作者不修改自己的作品。海明威修改《老人與海》達兩百次，歷時十六年。單是這一小則故事，便可看出莎士比亞不是作者。傳記中，往往指名道姓，莎士比亞與某某人，合改前人的或委托今人寫的劇本云云，全是臆見。

即使可以否定《莎士比亞全集》，說不是莎士比亞寫作的，但那墓頭上的四行詩，卻千真萬確是莎士比亞的親手筆。連編輯《莎士比亞全集》，肯定莎士比亞是它的作者的哈里遜，都說那四行詩是拙劣的詩，還有人說它是歪詩呢！人不穿衣服，叫赤身裸體，赤身裸體普遍不雅觀。臺語穿衣叫褖衫；褖者，飾也。穿了衣服，人纔像個人樣兒，尤其年輕美女穿戴起來，那真是優美。將語文比做人，赤身裸體的語文也是不雅觀的，固然上帝的傑作的年輕女體也很美，只要不翻看私處，不齜牙咧嘴。我們的古詩十九首，大概應屬於這種天體美。穿戴得優美優雅的語文，我們稱它為文學的語文，而尤其穿戴得最優美最優雅的，我們便稱它是詩。莎士比亞這四行詩，是赤身裸體的詩，當然是醜惡之至。回看他的全集罷，相去不啻天壤。一個一生寫慣了穿戴優美優雅的詩文的人，居然竟會在最後一筆，寫出這樣赤身裸體的文字來？這四行詩，筆者直覺得它是暴發戶的傖詩，充分表現出一個不識字或雖識字而識字不多，腦子裏空蕩蕩無多少智識的暴發戶的心思與氣味。《三國志》魏志魏文帝卷有一段話，裏面有一句：「自古及今，未有不亡之國，亦無不掘之墓也。」莎士比亞，據西德尼・李的推測，一五九〇年代，每年有一百鎊以上的收入，晚年則高至每年有七百五十鎊的收入。莎士比亞一五九七年以六十鎊買下斯特拉福第二大第宅，一六〇二年又以三百二十鎊買下一百零七英畝的空地，他顯然已是斯特拉福的暴發戶，若他有學有術，一如卡萊爾的稱讚，是 the greatest intellect，何至於有暴發戶心態。正因為他不學無術，雖掛了一生大詩人大戲劇家的名，終究脫不了本色！君不見，大音樂家巴哈、莫札特的骸骨究在何方？大詩人陶淵明、李白、杜甫，又在何處？我們最出名的蘇東坡，筆者倒不悉他的墳墓還在否？他身後連碑碣文字都被鑿掉了。要骸骨永存，除非葬在西敏寺。這一點，後文將再提到。

莎士比亞的姓氏拼法又是個問題。莎士比亞劇本出版物的初具名，便有些奇怪。通行的莎士比亞拼法是：Shakespeare。但出版物的初具名，名威廉沒什麼異樣，姓氏則拼做 Shake-speare，中間還加了連接號。按 shake 是揮的意思，而 speare 是槍或矛的意思，合起來是「揮槍」、「揮矛」的意思，而這兩個字的連詞，也是當時的一個成語，意思是「啟蒙」。據 G. G. Greenwood（一九〇八年、一九一一年，出有兩本討論莎士比亞的專書）的調查，斯特拉福姓莎士比亞的一族人，姓氏拼法共有六十多種，沒有一種是拼做 Shakespeare 的。莎士比亞的姓名簽字留下來的只有六款，六款筆跡各異，令人懷疑是不是各別的代筆。其中三款的簽字見於遺囑，共三張，每張都簽，筆跡都很草，認知上可以有很大的出入。屬於肯定派的：梁實秋先生的〈莎士比亞傳略〉（依據 F. E. Halliday 的《插圖莎士比亞傳》，一九六四年新版）認做：William Shakspere, Willm Shakshere, Wiuiam Shakspeare；威爾遜的《莎士比亞考證》認做：William Shakspere, Willm Shakspere, Wiiliam Shakespeare。坪內逍遙所引否定派則認做（只引姓，未引名）：Shaksper, Shakspere, Shaksspur，竟無一寫做 Shakespeare 的。肯定派的第三個認定跟一般寫法同一，可以看做是故意認定。否定派亦有故意抹煞之嫌。不過這種不一致的拼法，實在滋人迷惑。即使退一步講，當時文字拼法未定，書寫容許小出入，而姓氏有如圖騰，且關涉財產與法律，應該有確定的拼法纔是。一個寫過三十七部戲劇、三部詩篇的人，書寫自己的姓名應該與他的出版物的具名同一，這是最起碼的一種認知，但是莎士比亞並不如此，這是一項嚴重悖情悖理的事，除非他不是作者。他的出生受洗書姓氏是 Shakespere，跟他的著作具名是不相符的，我們應該記得這個。

我們一路對覈下來，沒有一項支持莎士比亞是全集的作者，即使想加以承認，也不被容許。

解開莎士比亞的心結

即使開個世界文學法庭來審判，若判決莎士比亞不是全集的作者，不服判決的學者或讀者誰能說不會大有其人。君不見，轟動世界的大審判（電影明星也好，其他人物也好），無論審判結果如何，總是有兩邊人。莎士比亞這個案子，理應永久有兩邊人。假如能夠叫莎士比亞從九泉裏爬起向世人自白，那是再好不過，則兩邊人便不會再分邊了，是則是，非則非，只得信服了。

要莎士比亞起自九京，那是不可能的。不過若能進入莎士比亞的內心，去解開莎士比亞生平種種曖昧的心結；如果這樣做，做得到對莎士比亞生平的每一件事給以圓融無礙的解明——道二：仁與不仁，事實只有一個，一個之外不容許再存有另一個；那麼如果能進入莎士比亞的內心，將他的曖昧事蹟解釋得頭頭是道的話，這應該便是唯一的事實了。若讀者同意這樣的論點，其實這是惟一的論點，不容許任何人不同意。那麼便請一起進入莎士比亞的內心罷！

一個如此知名的人，除非其本人有意掩蓋，禁止自己絕口不提自己的身世平生，否則徇崇拜者的好奇探問，有意無意之間，流佈出自己生平的種種，是難免而且自然的。僅僅探口信的流佈，這位知名人物的身世平生，殆將全盤被發露少有餘蘊了。但是莎士比亞的生平，一似有一道禁呪禁錮著，連父母是誰，都諱莫如深，可見他是有某種苦衷在。我假定他在倫敦戲劇界，某一天被某一個人看中了，動之以利，讓他頂起作者的名聲與身份，我們看莎士比亞在倫敦一帆風順，聚財有方，這個假設不是不能成立的。若莎士比亞不是出了名的劇作家和詩人，單是做個演員，他能進身為股東，邀得王公大人及各方的青睞，再進而賺得高收入嗎？這個誘惑，俗世人惟一所知的進財致富的誘惑，在莎士比亞是有他自身先後天先備的條件的。先天先備條件出於常人之性，他的父親便是他的前身。後天先備條件是他的少年生涯、婚姻以及偷鹿的不名譽與受罰受辱。故動之以利，要他頂名，雖不無有不便之處（故他的出版物初期皆不具名），畢竟是千載難逢的絕好機會。至於某人為何不肯自己出名，這一層另文再詳。

既已決定頂下這個名，接著來的一項項考驗，莎士比亞須得一一應對。前文提到，他不肯刪改原稿便是其一。莎士比亞在倫敦，人稱他 gentle Shakespeare。有人問孔子：「孔文子何以謂之文也？」Gentle 便是這個「文」字，這是男人極高的一個美稱。Gentleman 和 Lady 是富於教養上流社會的男人和女人。莎士比亞既已是這麼一位作者，便由不得他不扮這個角色。他須得用演戲的手法來演出，須得文質彬彬然後君子。再則，可以想見他一直避免正面跟人談學問，尤其談古典，如此，他必然以沈默是金為座右銘，以免露出馬腳。後來年輕詩人，牛津大學裏的研究員或教授，慕名而來，向他討教的艱難場面，定然愈來愈緊迫，他如何應對這些困難呢？也只有沈默與顧左右而言他二途罷了。英國人本有紳士風，想來只要莎士比亞沈得住，客人總不至於強求。以此，莎士比亞以脾氣之好出名——不由得他不好。但是這樣的日子不好過，若不是收入漸行漸豐，便很難獲得支持力。可是日子終究越來越難排遣，於是終極的解脫便是以四十三歲或四十七歲的中年，過早引退歸鄉。斯特拉福距倫敦一七七公里，當時還無驛馬車，誰還肯徒步將近半個南北臺灣的遠途去跟莎士比亞談他的戲劇與詩呢？要不是錢還未賺足，加上某人不同意，因為某人正在創作的顛峰狀態，否則莎士比亞極可能於一五九七年在斯特拉福購買第二大第宅這一年，以三十三歲的盛年引退逃離倫敦了。

莎士比亞二十三、四歲以不名譽與受辱背井離鄉遠赴倫敦（當然是徒步），此行跟娶了一個老妻，有了三個小孩，且在斯特拉福絕無生路這三個惡劣條件有關，但他一去十一年頭也不回，世間有這樣無情的男子與人父嗎？一者演戲抽不了身；二者莎士比亞的惟一心思只在多積財（否定派的人還罵他是錢鼠呢），他捨不得跑這兩趟路，多費少息；三者（這應該是最主要的因由）他須得雪恥，他非得衣錦不能還鄉，要不是男孩夭折，他是打算再待幾年，回去建置斯特拉福第一大第宅，纔得揚眉吐氣，將宿恥洗雪個乾淨。但以莎士比亞的心性，若不是盛名之累實在累得撐不下去，年收入眼看著達到一千鎊，他捨得退出演劇嗎？

他在倫敦時與人無文字交（關於這一點另文別詳），他須得藏拙啊！回鄉後更不可能跟倫敦有書信往來，故無論斯特拉福方圓五十英里內，或全倫敦城，後人搜不出他的一通半通尺牘。莎士比亞的簽名，只見於遺囑和契券。一個大文學家，一生沒留下一封信，這是不可思議的事。當然，所謂不可思議便是不可能，便非事實。故莎士比亞不是文學家，只是個演員。詩和戲劇的原稿，他是不關心的，那並非是他做的，他無權關心。西德尼・李以一六一三年劇場大火，原稿與藏書盡成灰燼，為莎士比亞開脫。此時莎士比亞已隱退家鄉，大火燒不到家來，至少三部詩稿和藏書是無恙的。李的說辭難以成立。即使確實是他做的墓頭詩，原稿也何嘗留存？一句話，莎士比亞決意和作者威廉・莎士比亞擺脫關係，連威廉・莎士比亞這名姓，他都推出去了，故他的墓頭無名姓。這不是無緣由的。任何人，只要知其名姓，即使是被收葬的路旁屍，墓頭也會被刻上名姓，惟獨莎士比亞不幸，墓頭遭到被削名姓的命運。據考證，莎士比亞是天主教徒。他認為威廉・莎士比亞這名姓既已屬於那些著作，他如果再使用這名姓，便是不誠實，是冒充，是褻瀆神聖，故墓頭上他萬萬不能再刻上這個名姓，但無名姓有違習俗，弄不好，後世誤以為奇墓，難免遭發掘露屍之厄，因此他只得做了那首暴發戶詩，藉以自衛。一個人落到這樣的下場：無名墓，也就是野鬼墓、孤魂墓，確是悲慘！我們不難想見莎士比亞內心的痛苦。若莎士比亞肯昧著良心，他是可以葬在西敏寺的。大詩人葬在西敏寺，風氣開於喬塞(Geoffrey Chaucer, 1340?–1400)。後來凡是卓越的詩人都葬在那裏。一五九九年史賓塞(Edmund Spenser, 1552?–1599)謝世便葬在喬塞墓旁。比莎士比亞早七星期謝世的包蒙(Francis Beaumont, 1584–1616)也葬在喬塞墓旁。《莎士比亞全集》的作者當然超夠資格可葬於此。但是莎士比亞心裏有數，他不能冒充，不能褻瀆神聖，故悄悄地葬在本鄉，且因不能用名姓而耽心後世被發掘露屍。葬在西敏寺則可免於此厄。但那並非我願，他畢竟是個虔敬的天主教徒，即使少年時代駘蕩一時，他終究是天父的好兒女，識字多不多，人生榮華有多少，都不是問題，誠實以終，在人生的最後一刻，他要做到俯仰無愧。至於全集的祕密，事關他人，非得有某人的同意，他也只好齎憾以歿了。

果然數日後，莎士比亞謝世的消息傳到倫敦，諸人便謀將他葬在西敏寺，因已定局而作罷。莎士比亞也極可能惟恐被遷葬到西敏寺，纔寫了毒呪般墓頭詩，他要確保他的誠實。

據說英王詹姆士一世曾經給過莎士比亞一封信。國王給的信，這應是至榮至耀的無價傳家之寶，但此信莎士比亞並未保存，他竟丟在他常駐足的牛津王冠客棧，被他的教子，也就是客棧的少子，後來的威廉・達文南特爵士(Sir William D'avenant)所收藏。達文南特崇拜莎士比亞，日後也成功為有名的劇作家，莎士比亞逝世時，他纔十歲。要不是有至深的心結，這種普遍為世人所寶的至榮至耀的御札，莎士比亞怎捨得丟棄？可見得他是個多麼虔敬誠實的人，國王的信是寫給作者威廉·莎士比亞的，而他並不是作者威廉·莎士比亞，他是演員威廉·莎士比亞，他能厚顏無恥寶而存此信嗎？這個心結之與墓碑無名姓的心結，是至為痛苦悲慘的同一種心結，不是天生有那樣強烈的虔敬心，無人承受得了這樣的割捨。這兩件事是人世至難的考驗，若莎士比亞就是全集的作者，他何須如此自虐？他可光光耀耀將國王的信裱起來在大廳上掛做中堂，他可體體面面葬在西敏寺，墓頭上方方正正刻上威廉·莎士比亞這個光耀萬世的名姓，而不必憂慮被發掘露屍（此事另文別詳）。

莎士比亞畢竟是可敬的，雖即他只是一個識字不多的演員。

二、誰是莎士比亞？

讀者有知的權利。

莎士比亞作者身份的問題，在歐美自一八五六年來早已鬧翻天。在臺灣，我們有兩種《莎士比亞全集》的中譯，卻是古井不生瀾，晏然無事。朱生豪中譯《莎士比亞全集》未竟而謝世，由他的內弟虞爾昌教授續成全譯，其第三十八冊，譯出英裔日籍小泉八雲的〈莎士比亞的評論〉，於作者的傳記及作品討論，只做一概略的交代而已。梁實秋先生來臺後，推出《莎士比亞全集》的另一新中譯，也是三十八冊，未附作者傳記與作品討論。文星書店於民國五十三年一月出有梁先生的一本集子，名《文學因緣》，內中有有關莎士比亞及莎士比亞戲劇討論的文字共七篇，可做為全集的補闕。時報出版公司《世界歷代經典寶庫》於民國七十二年推出梁先生的《永恆的劇場：莎士比亞》，此書算是給全集做了較完整的交代。但兩家關於莎士比亞作者身份的問題都未有詳細交代，小泉八雲只輕輕一語帶過，且異想天開地馳騁他一廂情願的想像力來為莎士比亞辯護，梁先生則更頑固，也是輕輕幾句話便將問題處決掉了。兩家都屬於多感情少客觀精神，早年接受的事實已轉化為信仰，無法更改的性格類型。但這是屬於學術，起碼也得將問題較詳細地雙邊敘述一過，否則無異一手抹煞了讀者知的權利。

顏元叔教授的《英國文學》，預計共出七部，每部預期均為七八十萬字，其第二部便是《莎士比亞》，惜只出了首部《中古時期》，否則第二部必當有詳細討論。

莎士比亞有無能力寫作《莎士比亞全集》，前文〈莎士比亞識字不多？〉已有頗為詳盡的論述，莎士比亞本人，不止外文不行，其本國文字也不可能好。在當時的英國，本國文字要好，必須有雄厚的外文涵養做底子纔行，歐洲大陸各國亦然，這是自明的道理。故經過一番對莎士比亞生平的了解，除非有成見，不可能對《莎士比亞全集》的作者是莎士比亞這種看法不產生懷疑，進而加以否定。梁先生一直頑固地堅持其成見，但中年時曾經有一段文字的鬆動，《文學因緣》中〈莎士比亞之謎〉一文，梁先生也說：

> 如我們所確知，莎士比亞沒有受過多少教育，沒有進過大學，在文字方面只有「一點點拉丁文和更少的希臘文」的知識，何以他能寫出那樣矞麗豐贍的作品呢？若說他的

智識是來自翻譯的作品，則我們明明知道在那時，有許多重要作品尚無英文譯本，他如何能夠那樣方便的運用自如呢？有許多法律名詞及其他的專門術語，他又何以能那樣熟諳以至使用起來像是很內行呢？

我們又知道，莎士比亞從未出國門一步，他的劇本一部分是以意大利為背景的，而他對於山川形勢、城市路途，幾乎瞭如指掌，毫無舛誤，一若曾經身歷其境者然。《暴風雨》一劇，普羅斯帕羅從米蘭乘舟出發，又使人從凡龍拿到米蘭循水路旅行——曾有人認為這是莎士比亞的無知，但是近人研究結果證明了莎士比亞是正確的，當時的交通情形不同，由凡龍拿到米蘭是先走一段河路，米蘭是有一個運河網可以使人從那裏登舟啟程！

莎士比亞寫了那樣多的作品，一部分且在一五九〇年即已寫成，當時作家輩出，何以竟沒有人提到他呢？只有一個人提到了他，那就是格林(Green)，格林提起了所謂的"Shake-scene"，一般認為必是指莎士比亞而言。但是這證據也並不太確鑿，有人以為這是一個普通劇院術語，義為「轟動舞臺的一景」。

由此看來，莎士比亞其人，真是一個謎了。

如果莎士比亞的作者身份沒有問題，不會有那麼多的人起疑進而加以否定。直接著書寫論文否定莎士比亞的作者身份的學者，迄今至少在千人以上，鼎鼎大名的馬克吐溫和佛洛伊德都是否定論者。古今中外沒有一個作者被這樣大規模地懷疑過，這其中確是有問題存在。莎士比亞不可能是作者，可以說已是非常明顯的一個事實。但梁先生在〈莎士比亞研究之現階段〉一文中有句話：「收於第一版對摺本，則為莎士比亞之作品無疑。」這話很足以代表所有肯定派人的少客觀精神的心態。梁先生終其一生頑固到底，其晚年的著作《永恆的劇場：莎士比亞》仍武斷地表示：「由於近世學者的考證，莎士比亞確是一個有名有姓有頭有臉有血有肉的一個人，那些劇本也確是他的手筆。」我們不知道那些劇本之確是出於莎士比亞的手筆是怎樣考證出來的。只要存有一封莎士比亞的信，便可以比對全集中的戲劇或詩，但我們沒有莎士比亞的信，或許他從來就沒有寫過信（這一點另文再詳）。我們所有的只有他的四行墓頭詩，而此詩比對全集中的戲劇和詩，只能證明全集不是出於莎士比亞的手筆。

讀者諸位，看過〈莎士比亞識字不多？〉一文之後，不知是何感想？若覺得確是有問題，當然會進一步想追問誰是真作者？對莎士比亞的作者身份起疑，且予以論證而推翻之，這是輕而易舉的一件事——但少客觀精神的人卻可以硬咬住牙根不予理會，梁先生是一大例，在歐美，這一類型人正亦不少。但將莎士比亞的作者身份拆撤之後，要在幾百年後的後世，追尋出真作者，這就不容易了。試想想在今日如那麼容易便追尋得出真作者，莎士比亞在世時豈不早就被揭發了。凡是有客觀精神的人，涉獵到這莎士比亞的作者身份一案，通常都會毫不留戀地棄去莎士比亞這一老號牌，但追尋真作者的思路，因取證不易，便言人人殊了。計到目前為止，有如下的幾個人被舉出為真作者，據舉出年代順序，依次為：培根、馬羅、魯特蘭伯爵第五世、德貝伯爵第六世、牛津伯爵第十七世、七人集團。

培根說的提出

前文提過，一個和史提芬斯同時的人，James Wilmot，一七八〇年前後，特地離開倫敦文學圈，去當斯特拉福之南十四英里一個小村莊的牧師，搜索斯特拉福方圓五十英里內的一切藏書室，未得到半本莎士比亞所有過的書、半封莎士比亞寫的信以及原稿的片紙零簡。莎士比亞戲劇的博大精深和莎士比亞出身的不相稱是引起他調查的動機。在搜索不到這一切資料之後，他思索著經歷、學識和筆力配得這些博大精深（涵蓋宮廷至於市井）的戲劇的人物，推測再四，最後只能想到培根，亦即現代科學哲學的開山鼻祖鼎鼎大名的Francis Bacon，培根的生存年代是1561–1626，莎士比亞是1564–1616。Wilmot潛心探索這個問題，寫下了不少寶貴的筆記，因有一批熟人在斯特拉福炒作莎士比亞的觀光事業，怕因這些資料的發表，擋了人家的財路，直等到八十歲那年不得不將這一手原稿燒毀掉，幸而平時他常跟訪客談論此事，纔留下了有關他的口傳資料。

一八四八年，美國駐 Santa Crus 的領事 Joseph C. Hart 發表了一本新書，名叫《扁舟傳奇》(*Romance of Yachting*)，提出培根說，但未引起注意。一八五六年，美國女作家 Miss Delia Bacon 來到倫敦，在某雜誌發表了一篇培根說的專論，這纔引起普遍的注意，自後論戰風起雲湧。按 Delia 一八一一年出生於美國俄亥俄州，著有一部厚達六百七十五頁的專書，名叫《莎士比亞戲劇攤檢》(*The Philosophy of the Plays of Shakespeare Unfolded*)，來討論本問題。

繼 Delia 之後，另一美國人 Ignatius Donnelly，於一八八七年發表了《第一對摺本暗碼之解碼》(*Cryptographic Cyphering of the First Folio*)一書，翌年一八八八年又發表了《大暗碼：佛蘭西斯・培根在所謂莎士比亞戲劇中的暗碼》(*The Great Cryptogram: Francis Bacon's Cipher in the So-Called Shakespeare Plays*)一書，這兩本書煽起了解碼熱，許多人在其後許多年間，循書中的指示，競相赴英國南部尋求六十六個埋在地下的鐵盒子，據稱盒中藏有足以證明培根是真作者的文件，但無結果。按 Donnelly 曾任美國參議員、州長，還候選過美國總統，著有一部出類拔萃不朽的書《亞特蘭地：太古世界》(*Atlantis: The Antediluvian World*)。

計培根說的重要著作，除上舉者外，有：

1. *A New Study of Shakespeare*, 1884（作者不詳）

2. *Is It Shakespeare?* by A Graduate of Cambridge. 1903

3. *The Shakespeare Restated*, by G. G. Greenwood. 1908

4. *Is Shakespeare Dead?* by Mark Twain. 1909

5. *Bacon is Shakespeare*, by Sir Elwin Durning-Lawrence. 1910

按 E. D.-Lawrence 此著為培根說極有力的一部書。但一九一三年，J. M. Robertson 推出《培根派的異端邪說》(*The Baconian Heresy*)，梁先生說此書「已經把培根派的論據掃蕩無遺，培根派的理論在二十世紀簡直是笑談，沒有一個學者再肯在這一個論爭上費一個字」。事實上培根說的後續著作仍源源推出，而尤其是 Robertson 該書完全避開了 E. D.-Lawrence 的論點，隻字不提，並不像是一本能將培根說掃蕩無遺的著作。

6. *The Vindicators of Shakespeare*, by G. G. Greenwood. 1911

7. *The Doubtful Portrait of W. Shakespeare, an Experiment in Identification*, by W. S. Booth. 1911

8. *Francis Bacon Wrote Shakespeare, the Arguments Pro & Con Frankly dealt with*, by H. Crouch Batchelor. 1912

9. *Passages from the Autobiography of a Shakespeare Student*, by R. M. Theobald. 1912

10. *Is There a Shakespeare's Problem? A Reply to Mr. J. M. Robertson & A. Lang*, by G. G. Greenwood. 1916

11. *Will of the Wisp ;or The Elusive Shakespeare*, by G. Hookham. 1922

12. *Notes on the Authorship of the Shakespeare Plays & Poems*, by Basil E. Lawrence. 1925

按 B. E. Lawrence 原是肯定派，但他越是鑽研越是失去信心，終於轉為否定派。此書收集了所有培根說的有力論點，可視為培根說的一本總集。培根說能提出的論點到此可以說差不多全提完，這有如一條礦脈，總有挖盡的時候，此後信者自信，不信者自不信，誰也莫奈何誰！我們在前面曾經說過，若提得出直接證據，這個問題必定早在莎士比亞在世時便被揭發了，何待今日！但 E. D.-Lawrence 的有力論點，為 Robertson 所迴避不敢勇敢面對去觸碰的，我們將在下文中提出，這些論點，便是視為直接證據也是可以成立的。

培根的生平

Francis Bacon 一五六一年一月二十四日生於英國倫敦泰晤士河畔臨河街的約克府，父尼古拉・培根爵士為伊莉莎白女王的掌璽大臣，劍橋大學畢業，攻法律。母安妮是安東尼・科克男爵之女，男爵以學識淵博著名，曾任英王愛德華六世的業師。安妮精通希臘文和拉丁文，曾經從事翻譯，是信喀爾文新教的清教徒。培根家有兩所大邸第，倫敦的約克府之外，還有在哈佛郡的葛闌堡別墅。培根自小便喜歡在父親的圖書室中看書。父親經常攜他出入王宮，因為聰明多智，為大臣與女王所喜愛。女王也曾經多次巡幸葛闌堡別墅，與小培根談話，出一些問題考他。小培根應對機智莊重，女王戲稱他為小掌璽大臣。

十二歲（一五七三年），與同母兄安東尼（長佛蘭西斯兩歲）同入劍橋大學。

十五歲（一五七六年），入格雷法學院，以高級生身份研究法律智識。同年九月，赴法國，任英國駐法大使阿斯・鮑萊爵士的隨員。

十八歲（一五七九年），年初二月，因父喪歸國。培根分得小部分遺產，因自小過慣舒適生活，用錢無度，而仕途上姨父忌才作鯁而不得志，自此陷於貧困。

二十一歲（一五八二年），通過考試，為見習律師。

二十三歲（一五八四年），當選代表梅爾卡姆・里吉斯地區國會議員。自此直到一六一八年當貴族院議員之前，陸續當選許多選區議員。

二十五歲（一五八六年），當選格雷法學院資深會員，取得開業律師資格。

二十七歲（一五八八年），為格雷法學院講師。

三十歲（一五九一年），結交女王寵臣愛塞克斯伯爵。

三十一歲（一五九二年），為愛塞克伯爵的化裝劇及喜劇撰寫劇本《快樂的會議》。

三十二歲（一五九三年），在議會演說，反對增加國家開支，為女王所不喜。且其改革思想及反對經院哲學又被視為極端危險，為女王與姨父所忌。姨父柏萊男爵為女王首相，肯支持培根入國會而不肯讓培根登朝，看他讓他那才智平庸的兒子獲封為薩利斯布里伯爵，繼為首相，便可以明白。

三十三歲（一五九四年），自為開業律師以來，本年一月二十五日首次為人上法庭。培根的律師業務甚為清淡，門可羅雀。七月，得劍橋大學碩士學位。為格雷法學院撰寫慶祝聖誕節劇本。看來培根頗嫻於戲劇寫作。

三十四歲（一五九五年），愛塞克斯伯爵為培根屢次求官未得，遂以價值二千鎊的托維克那姆・巴庫大莊園贈予培根，以解其貧困。撰寫愛塞克斯伯爵要獻給女王的化裝劇劇本。

三十五歲（一五九六年），為女王的私人特別法律顧問。薪俸微薄，大概年薪僅四十鎊而已。培根屢次求官不得，女王以此搪塞，象徵而已。

三十六歲（一五九七年），《論文集》出初版，共十篇。

三十七歲（一五九六年），九月，因債務（借錢不還）被捕。

四十歲（一六〇一年），繼承其胞兄安東尼葛闌堡領地。審判愛塞克斯伯爵死刑（造反），被指責忘恩負義。

四十二歲（一六〇三年），撰《學術的增進》。三百多人受新王詹姆王一世封為爵士，培根為其中一人。

四十三歲（一六〇四年），任詹姆士王法律顧問，年俸四十鎊，外加賞金六十鎊（追念其胞兄安東尼擁立之功）。

四十四歲（一六〇五年），出版《學術的增進》。

四十五歲（一六〇六年），五月，與市參議員、騎士候補人巴韓姆的女兒阿麗絲結婚。新娘纔十四歲，兩年前培根便開始追求此姝。有豐厚的嫁妝，婚後每年還可得二百鎊，阿麗絲的母親死後，每年又增加一百四十鎊。

四十六歲（一六〇七年），七月十六日，任法務次長，年俸一千鎊。莎士比亞於此年中退出演劇。如培根為莎士比亞戲劇作者，培根已正式任官職，抽不出時間，且收入已豐，亦無必要，再寫劇本，莎氏退出演劇，理無不合。

四十七歲（一六〇八年），任最高法院書記官，年俸四千九百七十五鎊。

四十九歲（一六一〇年），母安妮去世。

五十一歲（一六一二年），出《論文集》第二版，共三十八篇。

五十二歲（一六一三年），任法務部長。

五十五歲（一六一六年），任樞密院大臣。莎士比亞死。

五十六歲（一六一七年），任掌璽大臣。

五十七歲（一六一八年），任大法官（自培根時代起無人得此一頭銜），年俸一萬六千鎊。封維魯蘭男爵，培根喜排場，家用男僕四十人，外加成比例的僕人，收入雖豐，往往負債。

五十九歲（一六二〇年），《新工具》出版（拉丁文）。

六十歲（一六二一年），封聖阿爾班子爵。被彈劾受賄而下臺。其妻求去。

六十一歲（一六二二年），《亨利七世本紀》出版。按莎士比亞戲劇有《亨利四世》《亨利五世》《亨利六世》《亨利八世》，獨缺《亨利七世》，而培根則正好著有《亨利七世本紀》。

六十二歲（一六二三年），《學術的增進》改寫為拉丁文。

六十三歲（一六二四年），撰寫《新亞特蘭地》《亨利八世本紀》，分別於一六二七年、一六二九年出版。按莎劇《亨利八世》自十八世紀中葉以來已被懷疑為非莎劇。

六十四歲（一六二五年），《論文集》出第三版，共五十八篇。

六十五歲（一六二六年），在旅途中做用雪冷凍雞體實驗，感冒風寒病逝。

培根說的內容

Wilmot 注意到莎劇展現出太多驚人的法律智識，一如莎氏本人便是律師一般；又注意到《空愛一場》（愛的徒勞）一劇裏納華（拿伐）宮廷的三個角色，其實便是法國亨利十四納華宮廷的三個部長姓名的變寫。莎士比亞無由得知這三個部長的名字。培根的胞兄安東尼曾有一段時間居住在納華宮廷中，其間跟住在國內的培根寫過許多信，故培根熟知三人。培根是著名的文學家、法律專家，加以他的家世及自幼出入宮廷，合適寫這些戲劇。莎劇顯然對王宮以及外國領主都很熟悉，這些都不是莎士比亞所熟知的。至於培根為何不自己出名，而要托名於一個卑微的戲子，當然這是培根在身份上有所不便之故。

這是培根說的濫觴，動機並不是出於成見或偏見，乃是出於事實的驅使，故我們不能對莎士比亞的否定者，持好名、無事生非的見解，我們應平心靜氣地來聽聽他們的說辭。

培根說常識層面的論說，有如下的幾個要點：

1. 培根精通希臘文、拉丁文和本國語文、法國語文。
2. 培根是法學家、史學家、博物家及哲學家。
3. 培根是散文家及詩人。英國浪漫詩人雪萊便讚譽培根是一位詩人，說：「他的文字有一種甜美而莊嚴的韻律，能滿足感覺，正如他的哲學中的超人智慧，能滿足理性。」

4. 培根在二十歲以前足跡便踏遍歐洲大陸的名都大邑。

5. 培根自幼出入宮禁，對王宮大內及貴族莊園等等異常熟悉。

6. 培根的文字，簡潔有力，注重對稱、韻律及隱喻。

7. 培根散文中，金科玉律般的格言俯拾即是，媲美遍布莎劇中的粹言警語。

8. 莎劇避免正面談宗教，培根在這方面也比較謹慎，正式談宗教的時候很少。

9. 培根擁護王權，主張貴族政治，鄙視平民，嫌惡群眾，莎劇也是這種態度，莎士比亞出身平民，沒有理由持這種態度。

10. 培根是愛國者，莎劇也表現著濃厚的愛國情愫。

11. 培根著作等身，沒提到過莎士比亞。如果莎劇是他自己寫的，當然不可能提到莎士比亞。

12. 哲學家，尤其像培根這樣的極端理智主義者，經驗主義的開山鼻祖，是不應迷信神怪的，而莎劇中多涉神怪，培根可能嗎？伏爾泰抨擊培根的《亨利七世本紀》述說瑪奇阿特夫人招引鬼怪陰魂以惑亂亨利七世。「在她覺得他（假冒英王理查四世的頭銜跟亨利七世爭奪王冠的頗金）已完成了他的準備工作後，她就從一處特定的海岸跳入海中，這樣，在那裏便會出現一顆明星，升上天空，落向對面的愛爾蘭去。」伏爾泰認為這種事也寫出來，未免荒誕不經。但這正符合做莎劇的作者。

13. 莎劇中提過共三十五種花，培根在《論文集》〈談庭園〉一文中，一口氣便提到其中的三十二種，這是同一作者鐵的證據。

14. 培根正式寫過三齣戲劇，這證明培根是肯寫戲劇能寫戲劇。

15. 莎劇無《亨利七世》，培根正有《亨利七世本紀》。但培根謝世前兩年又動筆寫《亨利八世本紀》，莎劇中有《亨利八世》，又當作何解？按《亨利八世》一劇在十七世紀時一般都認為屬於莎劇，但十八世紀中葉起，已引起懷疑。

16. 從莎劇所表現的人生觀、價值觀等等思想也可以分辨出作者何屬。《雅典的泰門》（黃金夢）一劇，泰門是一個輕財好客的富人，終究因而傾蕩了家產，發狂入山隱居，吃樹皮草根為生。有一天，泰門挖草根居然挖出一個大缸，裏面盛滿了黃金，他先是驚異，繼而痛罵。他說：「咦，這是什麼？金子！黃黃的，發光的，寶貴的金子！這東西，祇要一點點兒，就可以使黑的變成白的，醜的變成美的，錯的變成對的，卑賤變成尊貴，老人變成少年，懦夫變成勇士。這黃色的奴隸可以使異教聯盟，同宗分裂；它可以使受咒詛的人得福，使害著灰白色的癩病的人為眾人敬愛；它可以使竊賊得到高爵顯位，和元老們分庭抗禮；它可以使憔悴的寡婦鮮豔如四月重新做新娘。該死的土塊！你這人盡可夫的娼婦，你慣會在亂七八糟的列國之間挑起紛爭。」把錢財罵得透闢。讀者諸位，您以為這合乎揮金如土死後負債的培根口脗呢？還是多積財置大第與地皮，一本書也捨不得買，有錢不還債——莎士比亞之妻因窮向先前她娘家的牧羊人借貸四十先令，莎士比亞十一年後回家置大邸宅卻不還錢，後來被告到法院，您認為是否合於莎士比亞的口脗？（作者的思想觀點只舉此一則為例）。

17. 一六〇七年這年培根開始登上仕途，任職法務次長，年俸千鎊。莎士比亞也在這一年退出演劇。若培根是莎劇作者，兩人這一年的變化是相脗合的。但此後莎氏的劇團尚未培養出新手接筆，若培根是莎劇的作者，他是欲罷不能的。故後年仍稀稀疏疏續推出晚年之作，至一六一一年之後已有新手接棒，莎劇再無新作。計自一六〇八年至一六一一年，莎劇新作據考有如下六部，即：《安東尼與克麗歐帕特拉》（女王殉愛記）、《波里克利斯》（沈珠記）、《考利歐雷諾斯》（英雄叛國記）、《冬天的故事》、《辛白林》（還璧記）、《暴風雨》（一六一三年的《亨利八世》應該剔除）。

此外從後人的評價上也可以看出端倪而加以論定。以下是筆者收集的評價，分述如後：

18. 窩頓爵士(Sir Henry Wotton)的培根碑文寫道：「在揭開自然界與人生的隱祕之後，這位科學的慧星，言論的巨擘，在完成造物主的使命後，長眠於此。」如拿掉「科學」二字，將全句移用於莎劇的作者，無一字不合。

19. 丁尼孫(Thomas Tenison)在其《培根論》(*Baconiana*)一書中說：「像培根這樣偉大人物，是時代的殊榮。造物主每五百年纔讓這個世界看到一次長生鳥。」準此而論，莎士比亞應與培根合而為一，亦即培根就是莎士比亞。

20. 徹芝(Dean Church)說：「在一個出了莎士比亞及其同輩的時代裏，除了莎士比亞本人以外，培根可以說是胸懷最活潑，最豐富，最偉大的作家。」如將兩人合為一人，便很合理了。

21. 班江森讚美培根說：「他的言辭簡潔，緊湊而有力，在這三方面，恐怕再也無人能勝過他。他所說的話，句句實在，毫不空洞無聊，在這兩點上，也是別人所不能及的。」這些正涵蓋莎氏全集。

22. 培根傳記的一個作者昆頓(Anthony Quinton)說：「培根的散文可謂多彩多姿，內容豐富，但他論述自然智識與社會現實等方面的主要內容卻平易樸質，兩者實頗不相配。」這話正可以解兩種文體出於同一作者的困惑，亦即這話可證培根有兩枝筆。又說：「培根多少採取了浪漫主義的觀點，強調藝術家須有創造性。」

培根說最直接的論證還是在於 Sir Edwin During-Lawrence 的《培根即是莎士比亞》一書。

但肯定派認為其論證逸出尋常，率皆不予理睬，這種態度乃是鴕鳥態度，已失去論學的資格。坪內逍遙頗為肯定 D-Lawrence 此書立論的正當性，全書從各方面致力證成其說。茲僅就其繁多論證中的兩項介紹於後。

在《空愛一場》（愛的徒勞）第五幕第一場有這麼一個對白：

> 啊！他們一向是靠著咬文嚼字過活的。我奇怪你家主人沒有把你當作一個字吞了下去，因為你連頭到腳，還沒有
> honorificabilitudinitatibus
> 這一個字那麼長；把你吞了下去，一點兒不費事。

這個由二十七個字母拼成的字是拉丁文中最長的一個字，原義是「滿載光榮下」，學者用來鬪嘴，但 D-Lawrence 給拆散後重組成：Hi ludi F. Baconis nati tuiti orbi。譯成英文為：These plays, F. Bacon's offspring, are preserved for the world（這些戲劇，是培根所造，留給人世）。但肯定派卻嗤之以鼻，認做是猜謎遊戲，梁先生便是這種態度。若精通拉丁文的人，能夠由這二十七個字母再重組出別的話語來，則 D-Lawrence 這個重組句的價值自然要下降，

若無法再重組出任何句子來，則 D-Lawrence 這個重組句價值便極高。

下引 D-Lawrence 的古書扉頁鐵證，肯定派無法嗤之以鼻，只好將自己的頭頸藏入草叢裏，讓屁股翹上天，像隻鴕鳥般不理不睬，以眼不見為安全。

D-Lawrence 指出一六二四年，亦即《莎士比亞全集》第一對摺本出版的第二年，在普魯士的 Lunadury 出版了一本奇書，名叫《暗號記法書》(*Cryptographic Book*)，由拉丁文寫成，著者名叫 Gustavus Selenus，其呈獻辭，著者自稱是 Homo Lunae（月中人）。D-Lawrence 認為此書顯然是出自培根的吩咐，用為第一對摺本的解密之鑰。原書現存德意志布蘭席克公國 Wolfenbuttel 市的圖書館。又一六一六年，也即是莎士比亞謝世那一年，一個跟培根很相悉名叫 Camaen 者出版了一本名叫 “*Remains*”（遺跡或遺書）的書，書中有〈談綽號〉的一章，其中有未曾聽過，叫 Bacon Creping 的奇怪村名，又有 Shakespeare、Shotbdt、Wagstaff 等名字。將這些名字用來對照《暗號記法書》，扉頁上的奇異圖畫便可獲得解釋。又一六四五年在南荷蘭的一個城市 Leyden 出有全拉丁文版的《培根全集》，出版書店叫 Gluster，其第一卷扉頁大可矚目。

《暗號記法書》的扉頁如附圖。其最上部是暴風雨中烽火(Beacon)盛燃的圖樣；左圖是一位紳士正將某物品交給一個持有長槍看來像是農夫的人，其較遠處則有一個荷著槍的人在行走，空中有一隻口啣文件的鳥在飛，鳥的近處可看到有一枝箭或槍；右圖可見到一個看來和持槍者為同一人似的人，帽上插著橄欖枝，騎馬馳去，但已不再持槍(speare)，可見到其鞋跟掛有馬刺(spur)，也就是丟掉speare，著上spur；而最下部可見到左圖那位紳士正在著作，其身旁有一個盛裝者脫去紳士頭上戴著的帽子，那盛裝者看來像是個老戲子；最上部橢圓形的周圍，最下部方形的周圍，都飾有圖案，仔細看那些圖案，好像全是喜劇、悲劇、笑劇用的假面具。

D-Lawrence 認為最上圖是莎劇最晚出的《暴風雨》圖，在培根(Bacon = Beacon)的餘光照亮下的一個謎畫；左圖是培根將劇本交給名為揮槍(Shake-speare)的人之圖樣；右圖即是那個叫 Shakespeare 的人獲得名譽的紋章（莎士比亞後來用其父親的名義申請得紋章，被封為爵士），揚長馳去的圖樣；下圖是演員 Shakespur 取得大哲學家的帽子過著安樂的生活的謎畫。而《培根全集》扉頁那位紳士分明是培根本人，那個看來或是男或是女性別不明的人，乃是司悲劇女神。古希臘悲劇演員總是穿著山羊毛皮。此圖該演員兩腕都是毛毿毿的，是由男演員裝扮成女神，其胸脯平坦可為明證。伊莉莎白女王時並無女演員。這表示培根的著作涉及戲劇。

除了上面這張謎畫，D-Lawrence 還揭示兩三張謎畫為之力說。坪內逍遙說，若這些古版書是真的，則這一個問題，可以說到此落幕了。

按 D-Lawrence 此書出版於一九一〇年，而梁先生認為將培根說掃蕩無遺的 Robertson 的《培根派的異端邪說》則出版於一九一三年，Robertson 真敢於面對 D-Lawrence 的《培根即是莎士比亞》，他大可去德意志布蘭席克公國 Wolfenbuttel 市的圖書館查看有無《暗號記法書》一書，其扉頁是否有該圖。二書出版年份相隔只有三年，是騙不了人的，故該書不是 D-Lawrence 造假的可以無疑。筆者以為 D-Lawrence 擊出的是一支再見全壘打，您認為呢？

也許讀者有疑問，認為培根在莎士比亞死後還活了十年（一六二六年），他大可以正式宣布真相。不錯，似乎可以這麼做。但事實上如這麼做，培根便成了一個十足的小人了。自從一六〇一年培根參加審判，將愛塞克斯伯爵處死以後，培根便被指為忘恩負義，賣友求榮；而一六二一年因受賄下臺，更是名譽掃地，他自然不能再糟蹋自己，何況培根是十足的一個中國老子學派一流的哲學家，極端的理智主義，以至太上無情，在政治上企圖大有為，處死愛塞克斯伯爵，向君主權貴阿諛諂媚，都是老子學理中事，至於莎士比亞一案，則直是一件小事，有可無不可，用不到斷然處置。這涉及哲學思想問題，精通老子哲學的人，容易理解個中實況。或許讀者又要發問，他早年只為了身份，便一生為他人作嫁，把這一批著作拱手讓給了莎士比亞，未免難解。須知培根的母親是虔誠的清教徒，痛惡戲劇，她管教甚嚴，只要母親在世，培根斷然不敢公然做劇作家，而且，培根一直鄙視英語文，認為英語文粗鄙卑陋，早晚會消滅，用現代話講，英語文並未被培根看好，故他如果真的寫了莎劇，其當初的觀點是認為這些東西在不久的將來便會自動消滅，有何價值保留呢？他的《論文集》《學術的增進》也是用英文寫的，是為的求實用流通，後來他便把《學術的增進》用拉丁文改寫，讓他再活幾年，《論文集》定然也會改寫成拉丁文。另一個理由是，當時還沒有報紙、雜誌，時事時政往往反映在演劇上，培根把前程放在政壇上，他自然不會愚蠢到自己出名來扯自己的後腿，搞不好，在戲劇上成功了，仕途卻就此斷送了，而事實上也沒有當了劇作家而能進身政界的前例，試回看我們的東方朔、司馬相如，乃至李白，其才華受到人主的欣賞，卻是被俳優蓄之。文人的榮華是身後事，生前往往是被輕視的。

推想起來，如果培根真的是莎劇的作者，這些暗號等等的作業，可能是出於他的友好，斷然不可能出於其本人的授意，這一點筆者跟 D-Lawrence 持不同的看法。至於莎士比亞的同僚友好，是否知悉內情，這很難說，即使知悉，站在愛護朋友的立場，跟培根那一邊人一樣，斷斷不可能戳破事實。第一對摺本的付排付印，必然至少大部分用的是原稿，這些原稿可能就是為此被毀掉未保存下來。

莎士比亞斷斷不可能是作者，愈是讀「他」的作品，便愈不能相信。他的遺囑簽名是 Shakespere，跟受洗記錄相同，跟書本上作者的用名 Shakespeare 不同，這是鐵證。

三、餘說

英鎊今昔

莎士比亞戲劇每一劇本可賣得三鎊八十三辨士，合一九九〇年初的兩千鎊。十二辨士為一先令，二十先令為一鎊，八十四辨士合七先令，八十三辨士還差一辨士纔合七先令。折算起來，當時的一鎊約合一九九〇年初的六百鎊，一九九〇年初，英鎊對新臺幣的比率設以一比四十五，則莎氏當時的一英鎊約合一九九〇年初的新臺幣兩萬七千元。《莎士比亞全集》每部售一英鎊，換算新臺幣，即是每部售新臺幣兩萬七千元。書價這麼貴，有幾個人買得起？當時最熟練的工人，一年只能賺到三鎊六先令八辨士至六鎊十三先令六辨士，而一件女人禮服則要價十鎊，為中等人家一年總收入的一半，比書本貴得多。

與莎士比亞同時的劇作家 Heywood 的劇本每劇賣到六鎊，Jonson 和 Dekker 賣到八鎊，Drayton, Hathaway, Munday, Wilson 四人賣到十四鎊，比較之下，莎士比亞劇本的價錢便賤多了。但無論莎士比亞為作者或培根為作者，一年寫得三、五部劇本，賺他一、二十鎊，總比一般工人優厚得多。斯特拉福文法學校教師，年薪是二十鎊。

《亨利第六》是莎劇最早期的作品，其寫作可確定是依據何林塞德(Raphael Holinshed)的《史記》(*Chronicles of England, Scotland and Ireland*)和哈雷(Edward Halle)的《蘭卡斯特與約克兩世家之連結》(*The Union of the Two Noble and Illustre Famelies of Lancastre and Yorke*)，二書錯處《亨利六世》也跟著錯，這二書都是大部頭書，價錢遠超出《莎士比亞全集》，且時常處於賣缺的狀態，有錢未必買得到，買這樣昂貴的大書，對於莎士比亞來說，必要是一種十分有把握的投資纔行，而且如果他真的買了，遺囑中便非提到不可。事實是莎士比亞既沒有買這兩部大書的動機，也沒有這能力，莎士比亞連閱讀的動機和能力都有問題，那來談到寫作？

莎士比亞未偷鹿？

肯定派提不出證據證明全集中的任一部作品是莎士比亞寫的。《享利四世》下部、《溫莎的快樂娘兒們》二劇中有可以解釋做影射魯西爵士的情事，魯西便是莎士比亞偷鹿的鹿主。但肯定派又不認莎士比亞曾經偷過鹿，因此連這兩劇都不能用來支持肯定派。肯定派發展到近今，凡不利於莎士比亞的事一概不認賬，他們說查無魯西有苑囿這類產業在斯特拉福一帶。

若培根是作者，培根與莎士比亞之相識，應是在莎士比亞初到倫敦當馬僮之時。果真培根跟莎士比亞合夥，一寫作一出名義，莎士比亞的身世經歷，培根必定仔細聽過莎士比亞的自述，故培根在劇本中為莎士比亞報仇，既擴大了寫作題材，也是情理之所當然。而培根何以挑定莎士比亞，不挑別人，譬如直接找劇團主人，以無名氏出劇本。莎士比亞是鄉下人，初到倫敦，對倫敦一無所知，培根找他，臉上不會掛不住，若找老倫敦，豈非丟盡家聲，自取其辱？那是萬萬不能做的。

至於莎士比亞有無偷鹿，此事關係莎士比亞一五八六年離家遠赴倫敦及到倫敦十一年因其男孩子夭折方始回鄉探視二事。若莎士比亞不是偷鹿被迫離家，不是因為不名譽須待衣錦而後還鄉。他是何動機丟下家小一去不返?肯定派暗示說，莎妻是名悍婦，莎士比亞婚姻生活不美滿。果如所說，莎士比亞是一個小丈夫，一個絕情的男人，也是一個不負責任的漢子，當不上 gentle Shakespeare 的美號。

莎士比亞偷鹿

肯定派為了主張莎士比亞是作者，不得不格外維護莎士比亞的形象，凡有損莎士比亞形象的事項，都想法子予以推翻。關於偷鹿的事，莎士比亞戲劇的大學者馬龍(Edmond Malone, 1741–1812)，曾經遍翻過伊莉莎白時代的地政檔案，沒得到存案。本世紀肯定派學者鍥而不捨，翻了詹姆士一世時代的檔案，纔發現魯西爵士直到一六一八年纔申請得 Charlecote 鹿園的執照，因而推翻羅伊莎氏傳的偷鹿一案。案魯西爵士死於一六〇〇年，葬在 Charlecote 教堂，肯定派這個翻案大有問題，極可能是偽造證據，讀者請參看書首魯西爵士安葬圖頁，那是鐵的證據；又請參看後文〈偽造者〉，可見偽造狂如何可怕。案魯西是斯特拉福的地方治安官，無論那一塊地歸他不歸他，都在他管轄下。據說當時只叫獵場，養有母鹿和兔子，莎士比亞只要侵犯，魯西必然要辦；而且據說魯西是天主教徒的迫害者，對莎士比亞這個天主教徒的迫害熱情當然很高。莎士比亞最後一次的拘禁，是央請鄰郡有力人士列沙士塔伯爵(Earl of Leicester)出面關說纔釋放出來的。

其實傳說莎士比亞偷鹿的不止羅伊一人。有個牧師 William Fulman，有本收集歷來詩人生卒年月的筆記，一六八八年 Fulman 逝世，他的筆記落入牧師 Richard Davies 之手。Davies 死於一七〇八年，死前不久，曾經在 Fulman 的筆記莎士比亞條目上加了一句話，寫道：「莎士比亞喜愛偷鹿和兔子，尤其是魯西爵士的鹿和兔子。經常被鞭打拘禁，只好逃亡，他的報復太過分，……」。

馬龍提到他看到一份不甚可靠，名叫《舞臺歷史》(*History of the Stage*)的手稿，可能是 Chetwood 寫於一七二七年至三十年之間，讀到劍橋大學希臘文教授 Joshua Barnes 四十年前到斯特拉福，在旅館裏怎樣用一件新衣向一個老婦人換一首詩，亦即莎士比亞諷刺魯西的詩的事。詩云：

湯瑪士爵士太貪心，
他貪心要那麼多的鹿。
當他自己頭上的角，
是那麼崢嶸，
他大爺難道一隻鹿也沒有了嗎？

有什麼關係，他有個老婆，
非常努力給他一堆角，
讓他一輩子用不完！

另有一個叫湯瑪士・約翰士的人，九十幾歲時有人問他莎士比亞偷鹿的事。他說早年曾經聽斯特拉福的老人講起此事。他所敘述的和羅伊所採錄的情節相同，只多了那首諷刺詩的首節，詩云：

有個議員是保安官，
在家是個可憐的稻草人，
在倫敦是頭笨驢！
如果有人將蝨子(Lowsie)唸成魯西(Lucy)，
像民歌唸錯了腔，
那麼魯西便是蝨子，
管他媽的鬼！

他自以為了不起，
　其實是頭大笨驢，
咱們全公認，
　他的耳朵正好配笨驢。
如果有人將蝨子(Lowsie)唸成魯西(Lucy)，
　像民歌唸錯了腔，
那咱們便唱蝨子魯西，
　管他媽的鬼！

又有一個叫奧底斯的人，也聽到一個斯特拉福附近的老親戚，說他聽到過斯特拉福的老人說莎士比亞偷鹿，他傳誦的詩，跟湯瑪士・約翰士所傳誦的是同一詩。

由以上看來，莎士比亞偷鹿一事，似難輕易抹除。但那兩首不同的詩，怕是好事者之所為，以莎士比亞當年偷鹿時的身份，人們不可能特地傳誦他的詩。

約翰父子不屠牛?

奧伯雷調查莎士比亞十三、四歲失學屠牛，肯定派也不認這筆賬，說所謂屠牛乃是一種巡迴劇團表演的遊戲：懸一布帘，中留一大孔，著一小牛首道具出帘孔，小丑居帘後腹語，作人牛對話，直至牛語實在逆耳，便揮刀斬之，這表演名曰屠犢(Killing the calf)。肯定派認為莎士比亞和儕輩雅好此遊戲，奧伯雷聽誤而認作實事。肯定派此解頗荒唐：第一，說莎士比亞愛好玩這種遊戲，肯定派是根據什麼資料來立說的?當然只是一番無根據的解套而已，莎士比亞早期傳記以及歷來傳說並無這種說法。第二，莎士比亞又不是巡迴劇團的演員，這種把戲跟他何干?第三，演小丑者須能做腹語，這可不是人人能做到的伎倆。第四，奧伯雷還舉出另一少年屠牛高手做對比，此少年夭折了，分明是真實事，不是遊戲。第五，約翰曾經操屠宰業，莎士比亞也學屠牛，而又有偷鹿的事，這三件事同是一個「屠」字做骨幹，是一貫的，脗合的。不過肯定派也從根翻案，說約翰不曾操過屠宰業。說當時斯特拉福只有一個住在Bridge街的議員（類似今日的鄉鎮代表）Ralph Cawdrey 領有屠牛執照，只此一家，別無分店，可證約翰未操此業。按肯定派此說出於近年，其真實性不無可疑。即使在四百年後，一個小地方的地方政府檔案，果真保存了下來，其完整性是很有問題的。依一般情理推，這是很不可能的事。何況約翰是手套商，牛羊皮是手套原料，經營屠宰業，剝下的皮毛做手套，一貫作業，原料可免被賺去中間利益，要約翰不染指屠宰業是不可能的，而事實應該是約翰先從事屠宰業，纔想到當手套商的。約翰是手套商，依法規定不能從事羊毛業，可是約翰卻大搞羊毛生意，還直做到倫敦去，後來至被眼紅者舉發。而據奧伯雷的莎氏傳記，斯特拉福的屠戶不止一家，那另一個少年屠牛高手和莎士比亞並不是同一家的學徒。斯特拉福的屠戶不止一家，這纔合情合理。

其實莎士比亞學屠牛之說，奧伯雷不是孤證。一六九三年，Dowdall 到斯特拉福，該地三一教堂的書記帶他看莎士比亞的墓，告訴他莎士比亞是屠夫的學徒，其後逃到倫敦。

莎士比亞當過小學教師?

莎士比亞一路由斯特拉福走到倫敦，其間一百七十公里路，路上歇腳，給小村莊上的小孩子們教教字母，這是有可能的。只是將非正式的路過餬口教字母，說成正式的小學教師或校長（因為這臨時私塾只有他一人擔當），則未免大大走樣了。

約翰放高利貸

一五五二年以後，英國嚴禁有息借貸。但約翰卻有兩次被密告犯禁借予John Mushem貸款，分別為八十鎊和一百鎊，利息為二十鎊。第一次先期和解了事，第二次被罰款四十先令。莎劇有放高利貸的《威尼斯商人》一篇，果真約翰有此等違法的記錄，莎士比亞為人子應該避開這一方面的題材，何忍再寫？我們可以想見，果真莎士比亞是作者，他寫這一篇戲劇時心內的滋味定然不會好。因此可以斷定他不會是作者。而培根嘗因借貸無力償還而被羈押，由他寫來，自是痛快淋漓。

莎墓被盜

莎士比亞生怕被人盜墓，墓碑上鐫有咒語，期望用這咒語來永遠確保他的屍骨。但咒語無效，Worcester 郡的 Beody 鎮教堂的牧師 C. L. Langston 說，他的教堂中埋有莎士比亞的頭骨，是一七九四年一群不法之徒盜掘莎士比亞的墓，偷出兜售不遂，重新埋葬的。美國作家歐文(Irving)在他的一本書，即有名的《歐文見聞錄》(*The Sketch Book of Geoffrey Crayon Gent, 1819–1820*)中說，斯特拉福三一教堂工人挖掘該教堂墓地，莎士比亞的墓陷了一角，可以窺見墓中空無一物，並無屍骨。

莎士比亞的墓頭呪語

關於莎士比亞的墓頭呪語，肯定派也想出了解語。一說當時英國國教仇視天主教，天主教徒的墳墓在後代經常被任意挖掘，莎士比亞因恐遭此不測，墓頭無名姓，且加呪語，便是防著這一著。這種說法，既無稽也無根據。莎士比亞的家人，自前代而後代，墓頭都有名姓且不加呪語，這又要怎麼解釋？他同時的人，也找不出無名姓加呪語的另一座墓來，這又要做何解釋？而且當時信奉天主教都是祕密的，到了後代誰還能分辨躺在墳墓裏的死人究竟是何教的教徒？故此一說之無稽實在不值一駁。

另一說莎士比亞誤被他的妻鈎上了，婚後對他的妻頗為啣恨，故絕情地拋妻棄子，十一個年頭都未回過家，他對他的妻的惡感一直保持著直到死時，故遺囑將他的財產分給二個女兒，其妻只得到第二好的床，墓頭加了呪語，為的是他的妻一直盼望死後和莎士比亞同穴，莎士比亞不願意，故想出這種惡毒的點子，讓教堂裏的人無人敢於下手開墳將他的妻的屍體放入。此說也是無稽之談。果真他啣恨他的妻，在大女兒出生之後，莎士比亞還可能讓他的妻再懷孕生出一對雙胞胎嗎?他死時,他的妻已六十出頭,什麼時候會死去還是未定之天,將產業移在她名下,合理嗎?他不肯讓他的妻同穴,很簡單,葬到西敏寺去不就得了嗎?不就萬分之萬可以確保了嗎?他果真是作者,成就超過斯賓塞、包蒙,葬在西敏寺是他的特權,他的妻萬萬不能同葬在那裏的呀!故此說之無稽比前說更甚。

其實只要葬在西敏寺,也可避免因為是天主教徒而被惡意發掘,而他不願意讓他的妻同穴,即使他不是作者,墓頭加了呪語,名姓還是一樣可以標出來,為了他的妻的緣故,連名姓都得剔除,沒這道理。他的不立名姓,這是關鍵所在,呪語全是為這一層而設,這是很明顯的事。肯定派則完全不談名姓的問題,乃是避重就輕,有意打岔。

血液循環說

培根說是Wilmot第一個提出來的，我們在第二章已有引述，但他的手稿在八十歲那年全部燒毀，幸而有個 Ipswith 的貴格教徒 James Cowton Cowell 在一八〇五年初拜訪他。此人原是莎士比亞研究者，正四處搜集莎士比亞生平資料，要在 Ipswith 哲學會宣讀論文，卻是四處碰壁，得不到更進一步的莎士比亞生平資料。當天下午一個訪客告辭之後，Cowell 得以聆聽到 Wilmot 駭人的新見解。Cowell 原是風聞 Wilmot 在搜集莎士比亞生平事蹟資料，想來討教，沒想到 Wilmot 給他的卻是超乎一切具最高價值的新資訊。Cowell 被 Wilmot 鑿鑿有據的論證折服了，遂成為第二個培根說的主張者。同年二月七日，他在哲學會宣讀他的培根說論文，遵從 Wilmot 的囑咐，未洩漏 Wilmot 的名字。但聽眾回報他的卻是噓聲和喝倒彩，外加憤怒。Cowell 早料想到有此場面，一點兒不氣餒，又於四月間宣讀其後續論文。這一次為了取信，宣佈了 Wilmot 的名字，但要求聽者共守祕密。Wilmot 在當時是鼎鼎大名的人物，他一七二六年出生於 Warwickshire (Warwick 郡)，莎士比亞的故鄉斯特拉福便是 Warwickshire

的轄地。Wilmot於一七八一年退出倫敦社交界，這之前，他是牛津三一學院的會員，乃是倫敦政治界文學界耀眼的明星。我們在第二章敘述他退出倫敦社交界之後，在距離斯特拉福之南十四英里的小村莊當牧師，但據另一資料，他是到同是Avon河畔在斯特拉福之北六、七英里名叫Barton-on-the-Heath的小村莊，在那兒逍遙自在地看他一生最喜歡看的莎士比亞的書和培根的書。由於他的退隱地點貼近斯特拉福，倫敦書商遂約請他撰寫一本莎士比亞的正式傳記。於是他開始採訪莎士比亞的一切，正如第二章所已敘述，他因而發現據莎士比亞的身世，要成為莎氏作品的作者是不可能的，遂於一七八五年下結論，認定真作者乃是培根。理由很簡單，莎氏作品的作者，必要是位學者兼旅行家，這兩個條件莎士比亞皆未具備，而培根則除了具備這兩個條件之外，莎劇中大量的法律智識，更符合培根的專業，且培根的著作與莎氏作品風格極為相像。Wilmot對這兩部全集都浸饋有年，當不會是一時附會的見解。可惜Wilmot的手稿已毀，否則後世爭議不休的莎氏事蹟，當有明確的論斷與依據。哲學會與會者聽見是Wilmot提出的論證，無人敢於再加輕蔑，而且全體居然嚴守了祕密，此事便隨同Wilmot本人以及哲學會會員的逝去而一齊被時間埋沒。幸而Cowell的前後兩篇手稿，輾轉淪入倫敦大學圖書館，直到本世紀三十年代初，纔被Allardyce Nicoll教授所發現，於一九三二年撰寫了一篇〈第一個培根論者〉，在《泰晤士報》〈文學附刊〉上刊出，埋沒一世紀的寶貴資料始得重現，這對於十九世紀下半葉以來的培根論者，當然是如獲至寶。Wilmot 的論點，除了第二章已引述者外，這裏再補述二、三款。

Wilmot 估計莎氏作品的手稿至少有二十五萬張，除非故意湮滅，不可能全無孑遺。若莎氏是作者，斷斷不可能會有此種現象。搜索過斯特拉福方圓五十英里內的私藏，書信、手稿、藏書全付闕如。在莎氏死後一百五十年間，如有手稿、藏書，不可能不被其後人在窮困中賣出。Wilmot 似未看到莎氏的遺囑，還不知道遺囑中無一字提及，否則他將更加確信無疑了。

斯特拉福有不少傳奇性的地方傳說，Wilmot 遺憾地未在莎劇中見到其一鱗半爪。

在《英雄叛國記》(*Coriolanus*) 一劇中，有血液循環的完整描寫。按血液循環，是哈維 (Harvey, 1578–1657) 在醫學上的一次偉大新發現，〈血液循環說〉於一六一九年纔正式發表。莎士比亞死於一六一六年，無由得知這個新說，而哈維是培根的醫生，哈維在未正式發表前曾經告訴過培根，這是很自然的事。按《英雄叛國記》被推定作於一六〇九年或更後。

Wilmot 因為房間裏藏著好幾大袋好幾大箱的莎士比亞生平的調查資料以及已經寫成的莎士比亞新傳和培根說的原稿，房間經常上鎖。那一天，他把房間鑰匙交給了管家，還請來 Long Compton 的教師，將放在櫥櫃中的這些資料和原稿搬出屋前燒掉。這當然是無可彌縫的一件大損失。但 Wilmot 所以斷然將二十多年的心血付之一炬，他心中是交戰了許久的了。

他眼看著斯特拉福人那樣以莎士比亞為榮，設使將他的文稿正式發表了，豈不是給斯特拉福全市鎮的人，一個重重的打擊嗎？他寧可毀了個人的心血，也不忍心這樣做。其次斯特拉福正在大興莎士比亞觀光事業，設若他發表了他的文稿，那些投資者，豈非要血本無歸嗎？他何忍這樣做？其實培根只憑他的哲學著作和他的散文，聲譽早已如日中天，他早已被公認為大不列顛學術界的巨人、散文界的巨擘，再平添培根自己不看重的這些戲劇和詩，又能錦上添得多少花？倒不如讓大不列顛增添另一擎天巨人，對祖國豈不更加榮耀？本著愛國心，何樂而不為呢？筆者猜測這最後一種心情，可能是令他終於撤了手的更有力緣由罷！

巫術

英王詹姆士一世深信巫術能作祟，後來竟瘋狂迫害巫覡。培根也深信巫術能作祟，巴立門通過一條嚴懲巫術的新法，培根並未反對。莎劇《馬克白》大講巫術，詹姆士一世觀後大悅。若培根是作者，君臣沆瀣一氣，顯然培根迎合王意是他一貫的作風。莎士比亞未必知道詹姆士一世雅好此道。按詹姆士一世著有《惡魔學》(*Daemonologie*, 1597)一書。其同代人司各特(Reginald Scot)則著有《巫術發祕》(*The Discoverie of Witchcraft*, 1584)一書；此書往往被誤認為是詹姆士一世所著。

莎劇作者識多少字？

在第一章我們引用過德國學者M・繆勒的統計，《莎士比亞全集》用字達一萬五千語，也就是說，從語詞上說，達到一萬五千語，從文字上說，達到一萬五千字，超越《舊約》的五千六百四十二語（字）將近一萬語（字），差不多是彌爾頓八千語（字）的一倍。據史鐸戔堡 (John H. Stotsenburg) 一九〇四年出版的《莎士比亞這部著作物無左右袒的研究》(*An Impartial Study of the Shakespeare Title*) 一書，光是莎士比亞戲劇用到的語詞或文字，便有二萬一千語（字），彌爾頓只有七千語（字），《劫後英雄傳》的作者司各脫、《浮華世界》的作者薩克萊、《塊肉餘生錄》的作者狄更斯，得過諾貝爾文學獎的吉卜齡，這一干小說家都不超過五千語（字）。莎士比亞當時的農人、匠工，一生所用的語詞總共也只有五百多語，即使是受過當時公學、大學教育的商人，也只有三千語（字），要說多，當推長於莎士比亞一歲的 Michael Drayton，他是第一號造字手。依上面的數字推，要三個用字完全不同的彌爾頓纔能寫出全部的莎劇，而司各脫等四個小說家合起來還不能寫出全部莎劇，因為他們所識的字一定有不少是重複的，即使不重複，還是夠不到二萬一千字。因此史鐸戔堡該書第十七章的標題便這樣標著：〈即使莎士比亞學識淵博，也寫不出他名下的全部戲劇〉。筆者覺得這裏隱藏著一個駭人的現象，如果當時的農人或工人，有機會觀看全部的莎氏戲劇，他們必定像鴨子聽雷，只能欣賞演員的動作，演員臺詞他們聽得懂的恐怕少之又少，而這可能也是事實。即使受過大學教育的大商人，要想全部聽懂莎士比亞戲劇的任一齣，恐怕也是不可能。最弔詭的事實是那些戲子（演員），包括莎士比亞本人在內，或根本不識字，即或識字，也是非常貧乏，那麼是誰來導演、指導他們，把總共有二萬一千單字的全部臺詞一句句背下來？這位導演可是全英國最偉大的文字導演呢！英國有位大將軍馬爾博羅(Marlborough)，一七〇四年，統帥英、荷、奧三國的抗法聯軍，在 Blenheim 一役，擊潰法軍，令法軍全軍覆沒，因而威名震動西歐，但他卻是一字不識。他曾經自白道：「除了從莎士比亞那兒學來的以外，不知道有什麼英國史。」我們非常困惑，這位目不識丁的大將軍，觀看莎士比亞歷史劇，到底聽懂了幾分之幾？但這也證明了一個像莎士比亞這樣出身的人，絕對不可能寫得出這些戲劇。因之，史鐸戔堡認為莎劇不是出於同一個人之手，乃是集體創作，依據他的推勘，執筆者有下面這些人：Thomas Dekkers, Henry Chettle, Thomas Heywood, Michael Drayton, Anthony Munday, Webster, Middleton, Henry Porter 和培根，培根擔任最後的修飾修改。依照總單字數二萬一千推論，集體創作是合理的。不過若將大部分作品歸為培根的創作，單從二萬一千的單字數而論，有無可能呢？據 Durning-Lawrence 說，莎士比亞家搜不出半本書，而經培根閱讀批註過的書則將近兩千本。這樣看來，培根肚子裏裝的單字，應該超過二萬一千字，他要游刃於總單字數二萬一千的全部莎劇是綽綽有餘裕的。在並世諸作者中，家有如此其多的藏書，切實批讀過如此其多的載籍的，培根以外無第二人，這裏可看出培根學識與文字的雄厚，其雄視當代學界，簡直是泰山之於丘垤。

按 Sir Edwin Durning-Lawrence 在其一篇論文〈莎士比亞神話〉(*The Shakespeare Myth*, 1914)中也提到字數的數據。他引M・繆勒一八九九年出版的《語言科學》(*Science of Language*)一書第三七八頁的話：「在英國，一個受過良好教育的人，即受過公共學校和大學教育的人，……用語（字）很少超出三千至四千之數，……莎士比亞或許展示著比任何種語文的著作家更為偉大多樣的表現，用大約一萬五千個單字寫出他的所有戲劇。」D-Lawrence 認為：「這是低估了的數字，莎劇用到的單字應該有兩萬兩千個，其中七千個是新字，乃是首次增入的英文字，一如 Murray 的《牛津字典》之所指出的。而不論是狄更斯或薩克萊，用字都不會超過七千至八千。至於斯特拉福的文法學校（譯者按：類似我們舊時的私塾，只有一班學生一個教員），拉丁文是該校使用的惟一語文，任何人來推測，其任一位主持教師，英文字甚至識不到兩千。而那位斯特拉福的房主，被叫做威廉・莎士比亞的，其所識的字，也只能推測到二千的半數或二千的四分之一這個滿數。談到英文聖經，由四十八人共譯，一六一一年出的欽定本，據J.A.Weisse說，包含大約一萬五千個單字。」

上引二家，數據互有出入。根據筆者第一手資料，莎士比亞全集約含一萬三千一百七十六個英文字。狄更斯所識英文字，超過九千四百十四字。

成功文學家的早年徵兆傳說

甘草幼苗時便是甘草，苦瓜幼苗時便是苦瓜，其甘苦是貫串終始的。成功的文學家，或一切世人，全不違此理。故成功的文學家早年便顯現著文學種子的端倪，而有愛好文學的表現。以西洋為例，荷馬尚矣，沒有資料留傳下來。但丁出身於貴族家庭，早年便嗜讀書，詩才早在朋輩中穎脫而出。歌德出身於富裕家庭，幼年便在母親的教導下，親德國與意大利的美文學，其文學才華，早已露端倪。荷馬、但丁、莎士比亞、歌德，是西洋公認的四大詩人。荷馬缺乏資料，莎士比亞則與但丁、歌德不配，早年只有屠牛、偷鹿、當馬僮這等不關文學的傳說。再如托爾斯泰是大小說家，早年浪蕩，但他出身貴族家庭，教育紮實，法語、法文跟俄語、俄文一樣好，還通希臘文、德文、意大利文和英文。莎士比亞的早年也跟托爾斯泰不配。肯定派舉蘇格蘭農村出身的詩人Burns和在倫敦監獄裏長大的狄更斯為例，證明二人早年也沒有雄厚的學識和學歷。按Burns幾乎沒有受到什麼教育，他用土語寫詩，其成就在規模上不能跟莎士比亞名下的全部作品相比。但他十六歲便有詩作，又自修，通拉丁文和法文，莎士比亞也不能跟他比。至於狄更斯，十二、三歲便跟同學組文學俱樂部，十四歲輟學，十五歲當律師手下的雇員兼當記者，十六歲便當博士院的採訪員，一直常利用圖書館讀書，這些早年的表現，也非莎士比亞所能比。倒是有個人，頗可相比。蕭伯納只小學畢業，十五歲在都柏林當地產公司的下級職員，二十歲到倫敦文學界闖天下，一生寫作過五十三部戲劇，是莎士比亞之後的一個大戲劇家，得諾貝爾獎而拒領。他是愛爾蘭人，父親是公務員，母親是音樂教師，是新女性，音樂、藝術的素養甚高，蕭伯納因受母親的影響，早年便對文藝有濃厚興趣和素養，早已矢志從事文學。蕭伯納初到倫敦，便先嘗試寫音樂評論和小說，但都不售。他是依靠在電話公司當下級職員，為人記賬、抄貨單，且不時受母親的接濟度日的。莎士比亞十三歲輟學，二十二、三歲到倫敦闖天下，這點雖與蕭伯納頗有類似處，在文學徵兆方面仍是不相類似。蕭伯納痛恨莎劇之深，沒有第二人，這點令英國人大大吃驚，雖然他一直不肯明白透露其痛恨的根據，但可推知莎劇之是精緻的純文學作品，乃是招惹他的惡感的根源。由此，也可以看到一個事實，這種精緻的純文學作品，不是未受過完整教育且博極群書的作者所能傾向，所能寫出的。莎士比亞若果真是一個一如蕭伯納有能力寫作戲劇的作者，他所寫的題材、內容、表現與表達，便會是另一樣，絕對不會是現存莎劇這種風格。西洋大文學家中，早年失學之例非常普遍，若單依據莎士比亞早年失學這一節來否定莎士比亞的作者資格，那是很不妥當而且是武斷的，莎士比亞之所以被剔除在作者之外，其致命的事實，即在於其早年既無任何文學的徵兆，其一生乃至其臨死及死後，也全無文學的事實可得而見這一無從辯護的事實上。早年無文學徵兆，一生不留半封信、半張原稿，遺囑看不到半本書，死後墓頭無名姓，不葬於西敏寺，我們即使熱心要替莎士比亞證明他是作者，實在也力不從心，因為莎士比亞全未提供給我們一泥半爪、吉光片羽。肯定派只想撲滅屠牛、偷鹿、馬僮這一類不利傳說，難道他們便不想想甘草幼苗便是甘草，莎士比亞早年應該有應有的傳說，即應該有文學徵兆的傳說，這是談論一個文學家的一個起點啊！若莎士比亞有這一個起點，他沒有書信、原稿、藏書，不葬於西敏寺，墓頭無名姓，都可一筆勾銷了。

莎士比亞的學識問題

我們在第一章約略討論過莎氏的學識問題。莎士比亞的戲劇和詩，到了十八世紀已引起熱烈的注目，不少人開始注意到莎氏的學識問題，法穆爾博士於是撰寫《論莎士比亞的學識》的一本小書，打算以之結束這場莎氏學識熱的運動。我們在第一章已引過法穆爾這本小書的見解，他肯定莎氏只認得英文，外文一概不曉，莎氏的作品全是依據英譯本撰寫的。在這本小書中（僅有八十九頁），法穆爾證明了莎劇二十四種（包括《錯中錯》即《錯誤的喜劇》）的寫作全是出自英譯本，但其餘十二、三種則未論及（包括《奧塞羅》）。法穆爾認為一般研究者目莎氏為飽學之士，乃是錯誤的，莎氏的學識全是出於其個人的天賦與母語。他引Hurd氏的話做為該書的結論說：「莎氏只為未受古典迷信的束縛，得無高深學問的好處，方纔能夠肆其極高天賦，突起為最有創意的思想家與發言者。」又說：「他的風格非常多變奇特，跟其他作家截然不同，未受半點古典教育的污染。」書中第十三頁註七引述知名的莎氏詩集編纂者 Gildon 氏與其兄長在莎氏學識見解上的勃谿，很可以概見法穆爾本人的態度。

Gildon 氏說：「誰認莎氏不學，便是誰自身不學。」其兄一向主張莎氏是依靠其不世出的天才寫作，學不學對莎氏而言乃是多餘的，甚至對莎氏的天才是種抹煞。其兄氣憤地說：「誰認莎氏飽學，為博古之徒，誰便等同於訾損大不列顛的光榮。」

法穆爾這本書的見解，自後便成了一般英國人普通的見解；尤其本世紀莎氏的肯定者，無不一致以此為擋箭牌，用以抵拒莎氏的否定者。下引小泉八雲（英國人歸化日本）的一段話，可做為肯定派的終極說辭，他說：「莎士比亞是一個比較未受正式教育的人，童年才過，就從做伶人起，開始著他的終身之業了。但這人後來卻變成了一位人類最偉大的導師——全世界所能誇耀的最偉大的教育家之一。他是最高意義的天才。所謂天才，和其他的才能究竟有什麼不同？不需教育，所費的氣力也極有限，天才者僅憑直感就能完成常人倘不藉艱巨的研究和工作便不能完成之事。不，——更有過於此者，天才者還能完成常人藉不論多少的訓練和努力而仍絕不能完成的工作。」（引自虞爾昌教授中譯小泉八雲著《論莎士比亞之偉大》）

莎士比亞對斯特拉福的緘默

一九二六年，Arthur Gray 發表了一本小書（一二三頁），名為《莎士比亞早年生活的一章》(*A Chapter in the Early Life of Shakespeare*)。該書第十節節題是：〈莎士比亞對斯特拉福的緘默〉，意思是莎士比亞的戲劇，迴避了斯特拉福一地的地理景觀人文景觀不提。Gray 大惑不解，最後只得假設，莎士比亞自小便離開斯特拉福到本郡 Warwick 的北境 Polesworth 去當侍童，故對故鄉不熟悉，且由斯特拉福到倫敦的兩條路他也不熟悉，反而卻熟悉由 Polesworth 到倫敦的路。這意思是說，如果莎士比亞是莎劇的作者，莎劇所表現的實情是莎士比亞不熟悉斯特拉福，反而熟悉 Polesworth。Gray 認為《仲夏夜之夢》一劇的森林背景便是取自 Polesworth 到倫敦這條路上的一座森林。莎士比亞傳記的權威作者 Sidney Lee 提到莎士比亞由斯特拉福到倫敦，一路有五個停靠點，劇中全未提到，如牛津和 Banbury 是兩條路分別必經要地，雖提到卻一語輕輕帶過。牛津有一家王冠旅店，在 Sidney Lee 的《莎士比亞傳》中是莎士比亞時常住宿之處，不應如此生疏。因而 Gray 反懷疑 Sidney Lee 不實。而《亨利四世》第一部，國王由倫敦出征 Shrewsbury，劃直線，應通過斯特拉福，斯特拉福在倫敦西北，Shrewsbury 更在斯特拉福西北。但劇中國王的行軍卻避過斯特拉福，繞道南邊的 Goucester 郡，多走了一段路。這都表示莎士比亞對故鄉斯特拉福的不熟悉，不敢下筆。Gray 指出莎劇對斯特拉福不熟悉，確是事實，但他設想莎士比亞自小便離開故鄉，卻反而是違背事實了。何則？因為莎劇並不是莎士比亞寫的，斯特拉福是個小地方，不論執筆者是培根或是其他人，都不熟悉斯特拉福，既然托名莎士比亞為作者，斯特拉福只好迴避不寫，以免露出馬腳，果是莎士比亞執筆，在莎劇場景、傳奇中，斯特拉福焉有不被大寫特寫之理？這是至明的道理。Polesworth 是文風甚盛的一個地方，其通往倫敦的路，別的執筆者是熟悉的，只有莎士比亞反而不熟悉。這也可以證明莎士比亞不是作者。

斯特拉福虛實談

Gray 的《莎士比亞早年生活的一章》第八節節題便是〈斯特拉福虛實談〉。Gray 說，斯特拉福是個小地方（我們知道在莎士比亞出生年間，此地人口只有一千四百人或不到一千四百人），既沒有城堡，也沒有僧院，更無紳士的莊園大邸，也無名勝古蹟。居民一天到晚談論的是羊毛啦、農產物啦、種種實物的價錢。這裏沒有賣書人，也沒有讀書人。一張文件要十九個人簽名，僅有七人寫得出名字，其餘十二個人只能劃個十字押。要直到一六〇九年，纔有斯特拉福教區的一個牧師破天荒擁有一百本藏書，其中四分之三是神學書，其餘多數是大學裏用的古典，英文書僅僅只有幾本，其中只有一本有文學價值。我們知道一五九七年莎士比亞回斯特拉福置產，買下斯特拉福的第二大邸，依此看來，莎氏的新「公館」裏並無一絲書香味，亦即無半本藏書。傳說莎士比亞不識字的父親約翰手裏有一本書，Gray 未說出來源，果真有這麼一本不知名的書，筆者猜想，可能是抵押品。莎士比亞被推測進過學，所謂的文法學校，也就是 free school，即免費學校，想來那位拉丁文教師，大概也跟我們臺灣一般中小學校教師一般，阮囊（行囊）羞澀的大概是書，否則那位斯特拉福牧師不可能佔了鼇頭。Gray 認為莎士比亞若是進過學，十三歲輟學，是認得一些粗淺的拉丁文的，但學校不教英文，因此莎士比亞反而不懂英文。要想拉丁文、英文都有長進，在斯特拉福乃是緣木求魚，是不可能的，因為此地無從問字。而莎士比亞二十一歲逃離故鄉，到倫敦謀生，不幾年間，居然在戲劇與詩兩方面寫出超越前人的作品，其《維納斯與阿多尼斯》一詩的六句式是模仿自史賓塞，其《露克麗絲》一詩的七句式是模仿自喬塞。看來他初到倫敦的那幾年必要是全心全力讀了很不少的英文學書：但那是不可能的，做學問一定要在心境從從容容之下纔能有長進，那幾年間，莎士比亞的境況惡劣，一六九三年斯特拉福教區的一名書記記莎士比亞初到倫敦是在戲院中打雜，這種狀況下，不可能有那樣的神效。Gray 因此設想莎士比亞是自小在郡北 Polesworth 當侍童，有了讀書的奇遇，莎士比亞的學識全是在 Polesworth 打好的基礎。

Gray 的假設根據，取自長於莎士比亞一歲的桂冠詩人 Michael Drayton (1563–1636)。Drayton 的祖父和父親都是屠夫，他自小便被送到 Polesworth 的 Goodere 家去當侍童，主家有私學，宅第內也多有藏書，Drayton 便在其私學中求學因而方有後年的成就。依照 Gray 的猜測，莎士比亞和 Drayton 應是同學。但記錄上 Drayton 在倫敦時跟莎士比亞不曾往來，也不相認識。據說班江森到斯特拉福去看莎士比亞時 Drayton 也同行，三人開懷痛飲，莎士比亞酒後感冒風寒，遂至一病不起。Drayton 的求學過程是出於他的自述，莎士比亞若未曾自述，別人無由得知，這是 Gray 的說辭。不過這種說法很難成立，起碼 Drayton 和班江森一同去看莎士比亞，二人的同學關係，班江森應被告知了。Gray 曾經將莎士比亞當代的馳名文人列了一張人名表，共得六十八人，有十人學歷不明，莎士比亞、Drayton 就在這十人中，其餘五十八人全受過正式教育，其中五十四人受過大學教育。受大學教育者中不乏出身貧寒的子弟，受保護人的贊助而進大學的。贊助資質優異的貧寒子弟受高等教育，是當時社會賢達（貴族）的一種時尚。莎士比亞的父親約翰當市長期間，跟 Henry Goodere 在會議場中時常見面，此時將莎士比亞送到 Goodere 家去當侍童而受教育是很有可能的。前輩中，如喬塞、湯瑪士・摩爾也都是侍童受教育出身。Gray 否定莎士比亞在斯特拉福所受文法學校教育的效力，而做了這種假設。但 Gray 這種假設有個大漏洞，果真莎士比亞在 Goodere 家由侍童而侍從，便不可能有機會於十八歲時跟斯特拉福鄉村一個二十六歲的女人私通有孕而被迫結婚，且莎士比亞是做了三個孩子的父親之後，纔到倫敦去謀生的，那麼他是從斯特拉福直接走往倫敦，不是從 Polesworth 赴倫敦的。他果是 Goodere 家的侍從，受良好的教育，有固定的薪俸，不至走到這種地步。怪不得無論肯定派或是否定派，都認為 Gray 此書全是無根之談，而頗受輕視。

Gray 原本是培根說的信仰者，自己下海之後，逐漸轉為不可知論者，這也是他兩邊不是人的的另一個緣由。其實 Gray 看來好似用另一種方法，在挖肯定派的牆根。

偽造者

斯特拉福的車匠 John Jordan 自命為本地觀光客導遊，在一批舊書上冒簽「莎士比亞藏書」(William Shakespeare his Booke)的字樣，賣給觀光客。這一批書現今有一部分已被陳列在博物館中。

莎士比亞既然出了大名，這種偽造的事是早晚會發生的。

一七九三年，皇家藝術學會名譽會員版畫家 Samuel Ireland 攜其子 William-Henry Ireland（一七七五年出生）來斯特拉福觀光，當然是做莎士比亞觀光。Samuel 一直認為其兒子頭腦遲鈍，永遠不會成為大人物，此子意素有不平，及見車匠作偽，遂亦萌生作偽之念，從心理上說，這是對乃父的一種反證明反表現。回倫敦後第二年便剪取舊租契的羊皮紙，用舊墨水偽造莎士比亞簽名的租契；又偽造一張期票，此子右手偽簽莎士比亞姓名，左手偽簽 John Heminges 的姓名；之後又偽造莎士比亞寫給 Southampton 伯爵的信及回信；又再偽造一張莎士比亞寫的祈禱文，顯然是真誠的新教徒口脗，得到一位非常著名的牧師 Samuel Parr 和詩人 Pope 的詩的編者 Joseph Warton 的讚美，認為祈禱文寫得太美了，教會中有許多優美的祈禱文全都不能比並；又畫了一幅莎士比亞全身像，外加莎士比亞的說明文字，但畫像拙劣；又偽造一冊莎士比亞藏書目錄，女王伊莉莎白給莎士比亞的信，及莎士比亞寫給他的妻的信。此子聲稱一切全得自某一紳士的贈予，遂偽造某紳士寫給其父的信，連其父也認不出是其兒子的筆跡。於是此子遂放膽偽造《李爾王》原稿，刪削其中不雅馴的句子，又偽造《漢姆列特》原稿數頁仍有所刪削。如此一切齊備，便收門票開放參觀，引來《約翰遜傳》的作者 Boswell。Boswell 一見偽造原稿，便激動地跪下來親吻，說是不意有生之年還能見到大詩人的手稿。大學者 Joseph Ritson 看出了破綻，但未公開指摘。Samuel Parr 大牧師發起邀請許多名人來簽名，用以確認是真稿。有訪客提議果真是莎士比亞真跡，應該還給莎士比亞後人。此子遂再偽造一張贈予文契，說是 Ireland 家先人有恩於莎士比亞，獲得其贈予，某紳士纔將這些真跡交給他。然後又偽造一張信託文契，提到手稿如何分發的細節種種。威爾斯王子來訪正要離去之時，一個名叫 Albany Wallis 的人突然出現，聲言 Ireland 家受騙了，他發現莎士比亞租契的真契，Heminges 的簽名不符。但王子仍認為應非贋品。此子遂仿照該真租契的 Heminges 簽名再偽造一張租契，聲稱 Heminges 有兩人，一高一矮，因其簽名亂真，又被瞞過。於是其父 Samuel Ireland 遂深信不疑，於一七九五年聖誕節出版這批手稿，每本賣四吉尼亞金幣，幣值一吉尼亞等於一鎊。購買者凡有一百二十二主，包括牛津大學等機構及一批名人。此子隨又以兩個月的時間寫成兩千八百行的一齣劇本，名曰 Vortigen and Rowena，聲言抄自莎士比亞未發表的原稿。著名戲劇家 Richard Sheridan 看過之後，認為劇本確有驚人之處，但嫌粗鄙欠推敲，只能假定是莎士比亞少年之作，遂以三百鎊買下，於一七九六年四月二日演出，上演所得歸此子。但演至第五幕，觀眾報以噓聲而停演。早二日前，馬龍出版了一本專書，討論 Ireland 家這批莎士比亞手跡資料，斷定是贋品。至此 William-Henry 只得向其父懺悔，承認偽造。老 Ireland 所以深信其子不疑，如前所述，他深信其子頭腦遲鈍，不可能有作偽的能力。沒想到 William-Henry 頭腦不止不鈍，還是個偽造的天才。老 Ireland 承受各方的指責，於一八〇〇年抑鬱物故。William-Henry 則離開了倫敦，淪為文丐，為人繕寫文件或撰寫文稿餬口，中間雖曾經發憤寫了些劇本，已無人賞識問津。走筆到此，心中不免感到一陣酸楚，此子的下場，實在令人憐憫掬淚，假使他當日走正路，用功寫劇本，以其天分之高，定然會有成就的。

另一偽造者，卻是堂堂莎士比亞學會創始人兼會長，此人名 John Payne Collier（以下簡稱庫氏）。庫氏一七八九年生，羊毛商之子，其父後來改行當記者。庫氏本人未受過正式教育，由其父教以希臘文和拉丁文，成人後也當記者。一八三一年出版一本《莎士比亞時代英國劇詩史及至復辟時代的劇壇年鑑》（書名原文省略以免過長累贅），此書細處已稍有作偽。其後結識 Egerton 伯爵，遂得以閱覽伯爵家藏伊莉莎白女王時代掌璽大臣及詹姆士王一世時代大法官的文件，這些文件皆成綑未打開過。庫氏嫌莎士比亞生平資料過分單薄，便在這些文件中偽造插入一些細節，於一八三五年出版《莎士比亞生平的新事實》一書，開始大量作莎士比亞的偽史。一八三六年又出版小冊子《關於莎士比亞作品的新細節》。一八三九年再出版《關於莎士比亞及其作品進一步的細節》。這兩本書也都插入偽造資料。一八四〇年和 C. Knight, J. O. Halliwell, A. Dyce 發起創設莎士比亞學會而任會長。此後十年間，經庫氏之手出版的學會刊物至少有二十一本：《漢斯羅威日記》(*Henslowe's Diary*) 和《奧連回憶錄》(*Alleyn's Memoirs*)，也是經他的手出版。此二書手稿原藏在 Dulwich 的大學，因為他是莎士比亞學會的會長，得以經手出版。但他在後一書中加入一張偽造的國王演員名單，莎士比亞名列第二，用以證明一六〇四年四月九日，莎士比亞還是該劇團的演員；又偽造莎士比亞一六〇九年住在 Southwork 的記錄及一六一二年莎士比亞以五百九十九鎊出賣其所有的黑衣僧侶土地的賣契。一八四二年庫氏宣稱在 Egerton 伯爵家得到第一對摺本，該書有自查理一世時代以來的眉注。一八四四年出版《莎士比亞傳》，至此庫氏儼然已成為莎士比亞傳記的巔峰學者。此傳可想而知，充斥不少偽造細節。一八四七年任英國博物館祕書。一八五〇年授皇家年金，年一百鎊。時人懷疑造偽，最早是一八四一年 Knight 的懷疑 Southampton 伯爵的一封信有問題，公共記錄助理管理員 Hunt 發現此信文字非當時的風格，但二人都未疑及庫氏，轉疑是出於史蒂芬，此時史蒂芬已死。一八四六年，Hunt 鑑定上述文件確係偽造品。一八五三年 Halliwell 出版《關於 Bridgewater House 所藏莎士比亞文件偽造之觀察》，指出文件全係現代偽造，但仍未疑及庫氏。一八五二年庫氏自稱得到第二對摺本的殘本，該書有眉注數千條，而公開在莎士比亞學會、古董學會展示。一八五三年 S. W. Singer 出版一本專書，指摘第二對摺本殘本上的數千眉注全是偽造，但未指出何人偽造。一八五五年 A. E. Brue 出版《文獻改竄術》(*Literary Cookery*)，直指庫氏造偽。庫氏提出告訴，在法庭發偽誓，聲明以身家性命道德人格起誓，未有隻字改竄作偽，且以其在一八五三年出版的《關於莎士比亞戲劇本文之備注》做為證據，遂獲勝訴。法官原是庫氏的朋友，素重其人，故深信不疑。一八五三年有人寫信給庫氏，聲言其友人 Parry 多年前擁有一部一六三二年對摺本，書中多有備注，書已佚，Parry 認為庫氏的殘本首頁眉注，與他所失的本子首頁備注完全相同。庫氏受各方面的指責，數年後稱，他第三次去看 Parry，證實他的殘本就是 Parry 所失的本子。有人去向 Parry 求證，Parry 否認有這回事。庫氏惟恐他的殘本被檢查，遂贈予 Egerton 伯爵。伯爵家藏資料，除庫氏本人以外，是不開放的。庫氏自此安了心。但伯爵死後，其子卻開放了家藏資料。一八五九年英國圖書館手稿管理人F. Madden遂得借出殘本，仔細檢查，竟看出數千眉注是庫氏筆跡，且用的是彩色墨水。但Madden未敢公佈，因怕又被告到法院吃敗訴，只在日記中寫著：應將庫氏逐出文學界。一八六〇年，Hamilton出專書正式指摘。一八六一年，C. H. Ingleby又出專書嚴厲指摘。至此庫氏已無辭對應。Dyce遂跟庫氏絕交。但庫氏在其第十五冊日記末頁仍未悔改地寫著：我死後事件若仍未得洗雪，也只好由他去了。此時庫氏雙目已漸盲。直至一八八二年五月十四日的日記，庫氏纔痛切懺悔而認罪，這一年他九十三歲，雙眼已快盲了。明年，庫氏以九十四歲的高壽謝世，結束其作偽的一生。

幾部冒名莎士比亞的詩與戲劇

一五九九年 W. Jaggard 出版了一本包含二十首詩的詩集，書名叫《熱情的朝聖者》(*The Passionate Pilgrim*)，作者標名威廉・莎士比亞，其實真作者是 Richard Barnfield。此書一六一二年再版，附錄了 Thomas Heywood 所譯，一六〇九年業已出版的奧維德的兩篇用詩體寫的書信。Heywood 看到之後大為光火，責令 W. Jaggard 要剔除莎士比亞的名字。可怪，這十三、四年間，莎士比亞漠然全無反應。當然如果莎士比亞只是識字不多的戲子，隱藏幕後那位埋名的詩人（培根），根本不會計較，他自己寫的詩和戲劇全用莎士比亞的名義都不計較了，還會計較別人的雙重冒充嗎？由此可知莎士比亞本人不是全集的作者，不過他的名字在出版界早已響玎璫，不可一世了，否則其他出版商不會冒用他的名字牟利。由此看來，莎士比亞逝世後第七年出版莎士比亞全集，班江森給這部全集寫序詩，很可能早已心知肚明，知道莎士比亞根本只是一個假名，故他跟那幾個出版這部全集的莎士比亞劇團的老演員，連手做促銷勾當，心裏正不必有什麼嚴肅感。

一六〇〇年 Thomas Pavier 出版一部戲劇《約翰・奧德凱索爵士》(*Sir John Oldcastle*)第一部，作者標名威廉・莎士比亞。此劇收入一六六四年第三版《莎士比亞全集》中，直到一七九〇年發現 Henslowe 的日記，纔知道此劇是由 Michael Drayton, Anthony Munday, Robert Wilson, Richard Hathaway 四人所合寫。此後此劇纔被剔出《莎士比亞全集》。按 Henslowe 是莎士比亞同代的戲劇業者，收買過許多劇本。

一六〇五年 Nathaniel Buther 出版一部戲劇《倫敦浪子》(*London Prodigal*)，作者也是用莎士比亞的名姓。

一六〇七年有一部戲劇《清教徒》(*The Puritan*)出版，作者標為 W. S.。

一六〇八年有一部戲劇《約克郡的悲劇》(*A Yorkshire Tragedy*)出版，作者標威廉・莎士比亞。

文人之書信、文章與藏書

通常作家一生中總有些應酬的書信或文章，至少也該有些提及或討論自己的作品的書信或文章被保存下來，莎士比亞卻隻字也無。以莎士比亞的名氣，這是不合情理與事理的一種反常現象。藏書之於文人，猶之耕地之於農人，而莎士比亞一本藏書也無。其長女婿不是作家，僅僅是醫生，死時遺囑便有書籍，焉有一千年來最偉大的文學天才的老丈人（前年美國某機構選出一千年內的代表人物，莎士比亞被選為千年來最偉大的文學天才），遺囑中反而無隻字提及藏書之理？其三本長詩之前二本，係自費出版，至少這二詩家中也該有收藏，遺囑中連這二詩也隻字未及。這也是不合情理與事理的反常現象。莎士比亞不止不是作家，且連一般讀書人都不是，事實鑿鑿，至昭至明。

我們清楚地看到，全斯特拉福的人只知道莎士比亞到倫敦賺得一大筆家財，是個新財主而已，他的家人所知的不過也是如此這般，他的長女婿對老丈人的認知也不外乎此，他老丈人在他心目中，在日常生活上，也只是一個識字不多的普通人罷了，否則他是醫生是智識分子，老丈人既是大詩人大戲劇家，焉有不捧讀收藏老丈人的名作之理？老丈人既是大詩人大戲劇家，堂堂葬在西敏寺，乃是應得的權利，應得的榮耀，長女婿焉有袖手任令莎士比亞隱姓埋名，以四行護屍呪語葬在本地成了無名屍墓之理？我們清楚地看到，至少莎士比亞的長女婿是知道究竟的，也許莎士比亞的家人全都知道他出借名姓的事，甚至斯特拉福相關的人也都知道，否則無名呪語墓豈不令人疑惑驚怪？莎士比亞執意要跟大詩人大戲劇家威廉・莎士比亞劃清界線撇清關係，不願意假冒，這一切做為天主教徒的虔誠與苦心，他們是能深切分擔領會的。

跟莎士比亞同時代，斯特拉福的一個牧師 John Bretchgirdle 便遺贈斯特拉福的文法學校一部《拉英字典》，遺贈給他的教子以羅馬大詩人賀瑞斯(Horace)和維吉兒(Virgil)的著作，遺贈斯特拉福議會議員 William Smith 的五個兒子以伊索 (Aesop)、西塞羅 (Cicero)、薩魯斯特(Sallust)、伊拉思摩斯(Erasmus)的著作。John Florio 比莎士比亞窮，是 Pembroke 伯爵家的教師，死時除將全部藏書，包括意大利文的、法文的、西班牙文的，全都贈給伯爵外，還加贈他編的三百四十冊新字典的原稿。代書 Humphrey Dyson，曾經給莎士比亞的同事寫過遺囑，其本人死時遺囑要執行人小心以最有利的價錢賣他的藏書。莎士比亞死時沒半本書，只證明他至少是個半文盲，他根本對書本對學問沒半點兒興趣。

M. S. DAY 的論點

「據當時的記錄，年輕人常娶年齡較大的女人，並且在結婚後六個月生子女也是常見的事。當時的人有證人的定婚禮便可當做是正式的結婚了，故生子女常提早。莎士比亞遺囑給其妻第二好的床，因為當時國王可任意沒收人民最好的家產，所以將第一好寫成第二好。連班江森那樣精明不輕信的人都相信他是作者，莎士比亞是作者應該是可靠的。」以上是美國豪斯敦大學英文學教授 Martin S. Day 的《英國文學史》(1963年)敘述莎士比亞生平中的一段話，這段話，「語氣平和」「頗似中肯」。但娶年齡較大的女人，提前生子女，乃是下層社會的情形，智識分子情形正相反，以老夫少妻為普遍，培根便是一例，且婚前交接的情形甚少有，故提前生子女的情形甚罕見。莎士比亞的偷鹿與否，學屠牛與否，都可以一筆勾銷，但他未滿法定年齡便與老處女私通（未定婚），至違法結婚，而被收取四十鎊龐大的保證金(用以確保主婚教士倘被連累革職，足以餬口不至生計無著落），這種情形並不普遍。這在在表示他並非一個文質彬彬的智識青年，這樣的身份很難和《莎士比亞全集》取得平衡。至於班江森承認莎士比亞是作者，第一，他或許因事實是作品之出版標明莎士比亞是作者而不得不承認；其次，或許他早已知道個中內幕，莎士比亞之名乃是假托，便也只好和稀泥串連矇混讀者。班江森和培根理當有私交，這一點應當被考慮。莎士比亞遺囑給予其妻第二好的床，Day 解釋為「國王可任意沒收人民最好的家產」，這恐怕是無中生有的話，萬一國王真的要第一好的床呢？豈不是犯了欺君之罪了嗎？這些話讓我們連帶懷疑，他關於第一件事，即年輕人常娶年齡大且半年生子的事，也是無中生有的說法。

按據約翰王一二一五年簽署的大憲章：「除非經由貴族的審判或國法，否則任何自由人不得被逮捕、監禁、霸佔、剝奪法律的保護、放逐等。」可知 Day 的話是無根據且違背大憲章的。

杜蘭的成見

杜蘭(Will Durant)在他的《哲學史話》裏提到有人認為莎士比亞的作品是出自培根的手筆，杜蘭認為倡此說者，實在只在浪費讀者的心神和時間罷了。他的《文明史話》（「理性的覺醒」之卷）〈莎士比亞〉專章中雖未再用這樣的尖銳語氣維護培根（他頗認為莎士比亞不學，劇本中多有錯誤），卻依然認為培根是培根，莎士比亞是莎士比亞。杜蘭算是另一型的反培根論者。

杜蘭對培根，可以說沒有什麼深入的了解，他只看到或注意到培根理性的一面，哲學家、學問家這一面，對培根不免盲目崇拜。其實培根另有非理性的一面，浪漫的一面，在這一面培根相信有巫術，相信有神祕界，甚至於他還會盡情地瘋，瘋於情愛、俚俗乃至於歪曲史實、漫筆無節制，換句話說，一個嚴肅的學問家，像培根這樣的一個人，設若不讓自己在另一方面大大地解放一下，那纔真會發瘋了呢！杜蘭本人便是個循規蹈矩的人，他萬萬想不到培根需要解放自己，在戲劇和詩這方面盡情瘋一下。讓杜蘭讀讀莊子見魯哀公，他就會見怪不怪了。魯哀公是孔子時候的人，莊子是孟子時候的人，也就是孟子所痛闢的楊朱（莊周、楊朱古同音），莊子而可能見到魯哀公，莎劇中這一類的瘋筆，杜蘭當然不能理解，便一股腦兒推到莎士比亞不學這筆爛帳上去。莎劇中寫情愛的篇幅很不少，杜蘭當然不願意讓培根來承受這一筆兒女癡帳。莎劇中到處可見的俚語鄙詞，杜蘭當然更不願意讓培根來蒙受這一筆污帳，最乾淨的方法，便是將這些有損大哲學家的勾當全都推給莎士比亞這個不學的鄉巴佬。杜蘭總認為培根縱使不是聖人，也該有一副岸然的道貌。他那裏曉得，莎劇之所以那樣精彩，完全出自一個嚴肅哲學家的天才之瘋狂的解放，不是瘋狂解放的情境，那樣精彩的筆觸人類是永遠辦不到的，便是神也辦不到。

其實即使是培根最嚴肅的兩部書，《學術的增進》和《新工具》，也很有些錯處，徵引文句或學說，往往張冠李戴。杜蘭未加深入研討，只一味崇拜培根，想當然地認為培根十全十美，因此他看到莎劇的錯處，便極力保護培根。

以《漢姆列特》為例

今本莎劇共三十七篇（部），這三十七篇劇本是否同出於一個作者?而每一劇本是否自始至終為同一枝筆所寫成?這些都是問題。不過，即使上面兩個問題的答案都是否定的，從劇文本身，至少可以窺見執筆者（不管有多少人）的身份和學識。我們對於莎士比亞的身份和學識雖然所知無多，他不是貴族或政治圈內的閥閱出身是可以確知的，即使撇開學識不談。本文打算捨棄學識不談，而專從《漢姆列特》（*Hamlet*，朱譯漢姆萊脫，梁譯哈姆雷特）一劇劇文來看它的作者的出身。我們所以採用《漢姆列特》一劇來做為考察的資料，並不是出於有選擇，而是《漢姆列特》在莎劇三十七篇中是最有代表性的一劇，我們是根據這個理由而採用了它。

漢姆列特的故事，最早見於《丹麥史記》(*Historiae Danicae*)一書，此書完成於十二世紀，初版於一五一四年，作者是 Saxo Grammaticus。在此書中漢姆列特拼做 Amleth。漢姆列特之父與叔父二人是丹麥王指派去統治朱特蘭(Jutland)的共治者。朱特蘭當時屬於丹麥，現時其大部分仍屬丹麥，而其小部分則屬於德國。挪威王嫉妒漢姆列特之父的功績，與滿姆列特之父決鬥，為漢姆列特之父所殺，丹麥王對漢姆列特之父的英勇甚為賞識，遂將女兒嫁給他，而生下漢姆列特。漢姆列特之叔父因嫉妒弒殺了漢姆列特之父，而娶了其后嫂。漢姆列特惟恐被害，遂佯狂裝瘋，其叔父不放心，連連運用各種方法以刺探漢姆列特的發瘋是真是假，終至令人躲在其母后床上的被下，竊聽其母子的對話。此人被漢姆列特當場刺死，漢姆列特遂以發瘋被遣送到英國去。漢姆列特設法竊看其叔父給英王的國書，果不出所料，是要英王除掉他，遂偽造另一封國書予以調換，要英王處死那兩個護送者，漢姆列特到了英國乃得以平安無事，且娶了公主為妻。一年後漢姆列特突然歸國，其叔父不得不假意開慶賀宴，慶賀其瘋病痊癒歸來。漢姆列特遂用計灌醉滿朝文武加以焚殺，且弒殺了其叔父，而被推為朱特蘭王。漢姆列特再度到英國欲攜公主歸國，但英王因漢姆列特弒殺其叔父，遂派遣他到蘇格蘭，欲假手蘇格蘭王翦除他，漢姆列特在途中又換了國書，到蘇格蘭之後，又與女王結婚，然後領蘇格蘭軍回頭攻打英國，英軍敗績，漢姆列特乃攜蘇格蘭女王與英國公主歸國。但丹麥新王不承認漢姆列特為朱特蘭王，興師來伐，漢姆列特在迎戰中戰死。

一五五九年至一五八二年間，法國有一部書《悲劇歷史》(*Histoires Tragiques*)陸續出版，共七卷，作者Belleforest，其第五卷第三篇即〈漢姆列特的悲劇〉，情節與《丹麥史記》略有出入，漢姆列特之父在宴會中當眾毆打其后，其叔父即席弒殺了他，后早與其小叔私通。據說此篇中的長篇對話與獨白，便是後來莎劇《漢姆列特》長篇對話與獨白的雛型。此篇一六〇八年被譯成英文，但譯文反依據莎劇《漢姆列特》大加改竄。

一五九九年，Marston 有一劇《安東尼奧與美麗妲》(*Antonio and Mellida*)演出。一六〇一年十月另有《安東尼奧的復仇》(*Antonio's Revenge*)一劇註冊登記，此劇劇情與莎劇《漢姆列特》極為相像。

一五八九年納盧(Nashe)提到過有《漢姆列特》(*Ur-Hamlet*)一劇，可能是 Kyd 所寫。有人記得一五九六年前看過此劇的演出，鬼魂淒厲的叫聲演得頗為粗劣。大概這是莎劇《漢姆列特》鬼魂情節之所本。

莎劇《漢姆列特》，一般一致認為寫於一六〇一年。

由以上的敘述，可知莎劇《漢姆列特》的定型是經過許多轉折的。從而也可以看到莎劇《漢姆列特》的成劇並非單純。但不論此劇的定型如何不單純，莎劇《漢姆列特》必定有個定型作者，這位作者是誰很難說，但，是什麼樣的身份，從劇文上卻可明白看出來。狗嘴裏長不出象牙，作者是什麼樣的身份，便有什麼樣的劇文，這是一定的。下面我們引出莎劇《漢姆列特》的一部分劇文來看看它的定型作者是什麼樣的身份（中譯我們引用朱生豪的譯文，便於讀者查檢）。

〔第一幕第二場〕脆弱啊，你的名字就是女人。

按這一句話，現在通行的中文定譯是：「弱者，你的名字就是女人。」原文是：Frailty, thy name is woman，意思是說，女人脆弱，守不住貞節。我們來推測推測，講這句話的人，是出身上層社會的人呢？或是出身下層社會的人呢？老實講，下層社會的女人為生活忙碌，蓬頭垢面，而男人更是為養活一家大小口，胼手胝足，兩方都不是有閒情逸致搞男女之事的人。語云：「飽暖思淫慾。」這是上層社會，有人服侍，女的養得皮膚白皙柔嫩，整日無所事事，一心只在那檔事兒上轉，男的也是吃飽飯沒事兒做，一樣任由生物本能鼓動著，以勾引女人為惟一的正經事兒。這句話若是出自培根，乃是很自然地道出了他心中的所感所觸，若是出自莎士比亞，則不免有些突然，類似無中生有。

〔第一幕第五場〕我要從我的記憶的碑板上，拭去一切瑣碎愚蠢的記憶、一切書本上的格言、一切陳言套語、一切過去的印象、我的少年的閱歷所留下的痕跡，只讓你的命令留在我的腦筋的書卷裏。

按這是漢姆列特回答其鬼魂父王的一大段話中的一小段話。只有作者是好讀書成癖的人纔會那樣自然容易聯想到書本，用書本來比況。這段話若是出自培根的筆下，是再自然不過，若說是出自莎士比亞，莎士比亞顯然不是愛讀書的人，則不免令人覺得不自然了。若定型作者是莎士比亞，應該是用的另外一種比況，而不會是書本。

〔第一幕第五場〕天地之間有許多事情，是你們的哲學裏所沒有夢想到的呢！

按培根是個老哲學迷，這話出自他的筆下，非常自然，若說是出自莎士比亞，也不免令人覺得突然。

〔第二幕第一場〕我們有智慧、有見識的人，往往用這種旁敲側擊的方法，間接達到我們的目的。

按這是波洛涅斯囑付他的家奴雷奈爾多到法國去調查他的兒子雷歐提斯在法國是不是循規蹈矩做人，教以用許多旁敲側擊的方法的一句總結的話。這正是上層社會的「文明伎倆」，若作者是培根，這一套話講來十分自然，若作者是莎士比亞，便不免有突然之嫌。讀者請翻開朱譯本或英文原書，看看這一大段文字，當能更為明白。

〔第二幕第二場〕人類是一件多麼了不得的傑作！多麼高貴的理性！多麼偉大的力量！多麼優美的儀表！多麼文雅的舉動！在行為上多麼像一個天使！在智慧上多麼像一個天神！宇宙的精華！萬物的靈長！

按這一段話是全部莎劇中極為著名的一段，但這一段話是有時代思潮的來歷的，不是作者個人一時靈感興會所能抒發，亦即那是乘在時代思潮頂端的大學者大思想家纔能真確感覺得到，呼喊得出來的。自從基督教被定為羅馬帝國國教以來，神的地位日日高漲，人的地位日日低落，經中古一長段時間教權徹底統治俗世，人的地位降至近於零。自中古黑暗時代結束於第十世紀以來，古希臘羅馬文藝學術逐漸復甦，至十五、六世紀始有文藝復興，繼而有人的再發現！培根便是乘在這個人的再發現大思潮頂端的偉大學者偉大思想家，這一段歌頌人的再發現，肯定人的新地位的話，在當時的英國也只有像培根這位豪情萬丈，倡導學術的偉大復興運動的大哲學家大學問家纔寫得出來，因為他就是這個大思潮的推動者，莎士比亞，既非這大浪潮的推動者，說他高喊人的再發現、肯定人的新地位的無限高昇，無異做夢！只這一段話，便徹底將莎士比亞的作者身份打落了。這段話不止莎士比亞喊不出來，就是培根同代的任一劇作家也無一能喊得出來，因為這一切人全都不是學術的偉大復興運動的推動者，不是這推動者，便沒有這份高揚的感受，昂揚的歡呼。

〔第三幕第三場〕君主的薨逝不僅是個人的死亡，它像一個漩渦一樣，凡是在它近旁的東西，都要被它捲去同歸於盡。

〔第四幕第二場〕一塊吸收君王的恩寵、利祿和官爵的海綿。……當他需要被你們所吸收去的東西的時候，他只要把你們一擠，於是，海綿，你又是一塊乾巴巴的東西了。

〔第四幕第五場〕國家富足昇平了，晏安的積毒蘊蓄於內，雖然已經到了潰爛的程度，外表上卻還一點看不出致死的原因來。

按上面這三段話，表明作者是親身捲入政治圈內，纔有此切膚的感受。第一段話，也就是我們的一句老話「一朝天子一朝臣」。第二段話，也就是我們的一句老話「趙孟之所貴，趙孟能賤之」。第三段話，也就是我們的一句老話「生於憂患，死於安樂」。一個平民出身而又與政治絕緣的人，思想與關心都不會到達這裏。培根一生在政治圈中打滾，膚受的痛楚，字字是血。而且他讀盡古往今來政權鬥爭的史料，對政治的切入了解比誰都深。我們有一部二十四史，一個政治圈外的人如真能進入政治的血腥中，除非他是精讀過這些浩如淵海的歷史，從令人發毛的《史記》，讀到令人膽破的《明史》，除非是這麼一個政治史的專家，莎士比亞既無藏書，且終身是戲園裏的一個戲子，又安能到此！

〔第三幕第二場〕要是你也像多數的伶人們一樣，只會拉開了喉嚨嘶叫。……讓那些只愛熱鬧的低級觀眾聽了出神。

瞧他們在臺上大搖大擺，使勁叫喊的樣子，我心裏就想一定是什麼造化的雇工把他們造了下來，造得這樣拙劣。

往往有許多小丑愛用自己的笑聲，引起臺下一些無知的觀眾的哄笑。

按如果這些話是出自莎士比亞，這個劇本是要給本劇團演出的，莎士比亞豈不大大傷了伶兄伶弟及一向來捧場的觀眾的心了嗎?而且莎士比亞本人便是演員,豈不是在自侮自辱了嗎?我們從這些話語的語氣,充分看得出,這位作者是處身在上流階層,本身既不是演員,又不是低級觀眾,他高高在上,以痛詆下階層的人為樂,這樣的身分太顯明了,這齣定型的《漢姆列特》,它的定型作者決不是莎士比亞,是鐵證如山的了。

下部

一、引言

培根說的論著，到達 B. E. Lawrence 的《莎士比亞戲劇與詩篇之作者身份考釋》(*Notes on the Authorship of the Shakespeare Plays and Poems*)一書的推出，算是得到一個總結集。此書推論謹嚴，是一本擲地有聲，將肯定派全盤擊潰了的著作。肯定派人因此視如眼中釘，絕口不提此書。直到一九八〇年代、一九九〇年代，肯定派人仍舊不斷地在推出大部頭專書，來維護他們的信仰，手段是看似詳盡地介紹各種反肯定學說，當然培根說是他們介紹的反肯定學說的大宗。但他們的手段頗不光明，他們介紹培根說時最樂於舉出三人，即 Delia, Donnelly 和 Durning-Lawrence 三人。不幸的是此三人的論說中都有脫線的狀況，肯定派人便得意地放大這些脫線狀況，讓讀者將培根說來看笑話，終至唾棄培根說，當然肯定派人便贏得最後的勝利：莎士比亞是作者。

培根說自 B. E. Lawrence 的《考釋》推出後，便再無後續者繼續推出新著，因為此書已完成了培根說，無人能再推出半個字。這種情況，遂成了培根說的致命終結。假如肯定派不是使用不光明手段，我很想說是一種卑鄙手段，培根說當然會在肯定派人陸續推出的新著中高奏凱歌。但世上當然沒有這樣替敵人宣揚聲威的傻瓜。故自一九二五年以後，培根說便陷入了終結的命運。世人不肯動頭腦，自原始人以來便佔著優勢，十九世紀如此，二十世紀還是如此，二十一世紀也會是如此，故莎士比亞會一直在他的夜臺裏（墳墓裏）繼續過著他不安的靈魂生活，世人還是會一直崇拜他，誤認他是作者，一個超級偉大的作者。

筆者編譯本書，很覺得無奈，很覺得為莎士比亞的靈魂難過，到底筆者的這份努力能否拯救莎士比亞的靈魂於水深火熱之中，只有天曉得！也許臺灣的讀者肯動頭腦，能夠幡然改觀，因而使莎士比亞的靈魂捨棄英國，遠遁蓬萊，來臺灣過個心情輕鬆的死後生活。

《考釋》一書共十三篇，篇名便叫理由一、理由二、……。我們勢無法一時將全書譯出，這裏配合本書的主旨，只譯出其理由一、理由二這前兩篇。現在將十三篇的篇題逐譯於下，讀者可得到全書的一個概觀。

理由一：莎劇符合我們所知佛蘭西斯・培根的生平，而不符合我們所知斯特拉福的莎士巴的生平。

理由二：莎劇的承當者，不論其人是什麼來歷，他是貴族、哲學家、拉丁文和希臘文學者、法語文和意大利語文的精通者、開闊心靈的新教徒和律師；熟悉宮廷生活，且擁有數量驚人的字彙。

理由三：佛蘭西斯・培根是《維納斯與阿多尼斯》和《露克蕾絲》二詩的作者，以威廉・莎士比亞之名推出二詩。

理由四：當代作家的證詞指向佛蘭西斯・培根纔是莎劇的承當者而不是斯特拉福的莎士巴。斯特拉福的莎士巴的筆跡顯示他不是寫字流利的人。這樣的人不可能寫出達上萬頁莎士比亞戲劇原稿。

理由五：培根是詩人。

理由六：劇本的不斷修改不符合只供在臺上演出，而不供在書房裏閱讀。這種不斷修改是培根的作風。第一對開本的最後修改，和三本可能是全新的劇本，加上數千行新句，表示這些定本的承當者一六二三年還活著。

理由七：假若培根是莎劇的承當者，他隱瞞事實是有幾個理由的。

理由八：許多培根的哲學觀點出現在劇本中，有些先出現在劇本中，再發表在培根被認知的散文作品中。

理由九：培根迄未發表的筆記Promas中大量的字彙、片語和術語，以及培根被認知的散文作品所用大量的特殊字彙、片語和術語出現在劇本中。

理由十：培根被認知的散文作品中的錯誤也出現在劇本中。

理由十一：培根被認知的作品的風格，和絕大部分劇本的風格類似。

理由十二：依據最近諸考證家的考證，十四行詩的寫作背景，使斯特拉福的莎士巴的作者身份成為不可能。

理由十三：那些相信斯特拉福的莎士巴寫了莎劇的人必須相信一連串的奇蹟、不可能和子虛烏有，但相信佛蘭西斯・培根是既有劇本的修改者的那些人則不必相信這一連串的奇蹟、不可能和子虛烏有。

（《莎士比亞全集》中譯有朱、梁二家，為了讀者查閱方便，下面兩篇譯文凡徵引莎劇，都錄用朱譯。不是筆者厚此薄彼，的確這有促銷作用，在勢無法兩家並錄的情形下，只好錄用流傳較久較廣的朱譯。朱、梁二家都非無誤譯之處，坪內逍遙的日譯亦同，遇到這種情況，筆者只好自譯。也有些情形，朱譯過分意譯，對照上有些欠明白，筆者只得略加更改或自譯。）

（培根官銜名稱，下部與上部不一致，並存之供讀者參考。）

二、理由一

莎劇符合我們所知佛蘭西斯・培根的生平，而不符合我們所知斯特拉福的莎士巴生平。

年表

年代	斯特拉福的莎士巴	培根	作品
一五六一		生。	
一五六四	受洗。		
一五七一	可能入學。		
一五七三		入劍橋大學三一學院。	

一五七六		離開劍橋，入格雷法學院。	
一五七七	離開學校，幫其父，為屠夫。	隨鮑萊爵士赴巴黎，任職法國宮廷，訪意大利。	
一五八〇		父喪返國，居於格雷法學院。	
一五八二	與基督徒名安妮的女人結婚。		
一五八四		當選代表梅爾卡姆·里吉斯地區國會議員。	
一五八五	其妻獲雙胞胎，他離開了她及其孩子。		
一五八六	來到倫敦，自本年至一五九四年間，時與保巴格戲		

	院有關係，起初當馬夫，而後當雜役。		
一五八八		就任女王特別法律顧問。	
一五八九		當選代表利物浦地區國會議員。	
一五九二		由於債務的壓力和晉陞無望，已預示辭去法律行業，成為「一個可憐的書的出產者」。	《亨利六世》第一部。《亨利六世》第二部。《亨利六世》第三部。
一五九三		當選中薛克斯地區國會議員。陷入債務中，被硬心腸的猶太人所苦，其兄安東尼為他解困。	《血海殲仇記》《維納斯與阿多尼斯》

一五九四	為保巴格劇團的演員，在格林威治，於女王御前演出。	首次接了一個案件，為人上法庭。	《錯誤的喜劇》《露克蕾絲》
一五九六	申請授與紋章被駁回。住在主教門。	《法律箴言與善惡探真》一書出版。	《羅密歐與朱麗葉》
一五九七	因五先令地方稅未繳被起訴。購置「新地方」，成為斯特拉福受矚目的房主。	《論文集》十篇出版。	《理查二世》《亨利四世》第一部《愛的徒勞》《理查三世》
一五九八	William Shakespere 之名首次出現在《愛的徒勞》一劇。因十三先令四辨士地方稅未繳被起訴。在		《維洛那的二紳士》《溫莎的風流娘兒們》《仲夏夜之夢》《威尼斯商人》

	《人各有性》的首演中演出。斯特拉福人目為財主。		《亨利四世》第二部（《約翰王》一劇被認定為法蘭西斯・梅爾思所作，但克拉克與萊特都認為是某人的早期戲劇。）
一五九九	獲授紋章。		《亨利五世》
一六〇〇	控告 John Clayton 欠債七鎊。		《無事煩惱》《皆大歡喜》
一六〇一	一五九五年，Thomas Wittington 借予莎妻二鎊，因未還而控告。	任王室法律顧問，審判愛塞克斯伯爵與騷參普頓伯爵。兄安東尼死，母安妮精神錯亂。	《第十二夜》
一六〇二	在斯特拉福種一果園。購		《漢姆列特》

	置一〇七英畝實有地產與非實有地產。		
一六〇三	參加 Sejanus 的演出。		《特洛埃圍城記》
一六〇四	為一鎊十五先令十辨士控告 Philip Rogers。與另八名演員參加國王的遊行隊伍，受賜猩紅色布料。任內廷供奉（宮內侍者、外賓招待員）。	任國王的法律顧問。	《量罪記》《奧瑟羅》
一六〇五	購買斯特拉福教區什一稅之一半。（農民向教區教會繳納收成的十分之一為稅，莎士比亞做結價投	《學術的增進》出版。	

	資，從中賺取增價差額，結價為二十二鎊，增價為六十鎊，淨賺差額三十八鎊。——譯者)		
一六〇六			《李爾王》
一六〇七		任副檢察長。	
一六〇八	與斯特拉福人，名叫 John Addenbroke 的人興訟。做 William Walker 的教父。		《女王殉愛記》《沈珠記》
一六〇九	自本年起至一六一二年，忙於關於他的土地與什一稅投資的法律事件中。	《古代的智慧》出版。	
一六一〇	購置二十英畝地。	協助西印度群島探險，船	

		在 Bermudas 失事。	
一六一一	永久居住斯特拉福，捐助公路修築。（捐助名單，莎士比亞之名是後來插入，可能是莎士比亞此後常往返倫敦而補捐。——譯者）		《暴風雨》《冬天的故事》《麥克佩斯》《還璧記》
一六一二		任檢察長。	
一六一三	在倫敦購置一棟房子。為魯特蘭伯爵設計徽章，賺得四十四先令。		
一六一四	支持 William Combe 在斯特拉福極力圈起某些一般		

年份			
	土地。		
一六一六	死，葬於斯特拉福。		
一六一七		任掌璽大臣。	
一六一八		任大法官。受封為維魯拉姆男爵。	
一六二一		受封為聖・阿爾班子爵。《新工具》出版。他的陞遷與垮臺。退居葛蘭堡，繼續其著述事業。	
一六二三			《馴悍記》《終成眷屬》《亨利八世》《英雄叛國記》

			《黃金夢》 《凱撒大帝》 《約翰王》

〔註〕《人各有性》(*Every Man in his Humour*)係班江森的作品。

將年表看過一遍，問題便產生了：「是那一個看來更像是寫了這些戲劇和詩的呢？是斯特拉福的莎士巴(Shaksper of Stratford)呢？還是佛蘭西斯・培根呢？」我想答案必定是「佛蘭西斯・培根」。我會舉出若干理由。

首先我認為人們大概會期望從作者的背景來查求。就這點而言，作者或承當這些劇本的那個人，一定曾經受到他的生活環境的影響，因之人們大概會期望看到他生活環境的若干事會不期然一再洩漏在作品中。

斯特拉福的莎士巴出生於鄉下且頭二十二年生活在鄉下；因之，他若是作者，人們大概會期望作品中有若干文字描寫到或提到鄉間生活。人們大概會期望看到，至少較早的劇本中，諸如：像村莊的綠野、慶祝五朔節的彩柱、鄉間旅店、市集、市場、豐年慶、乾草堆、農場、村舍、收割、採菓，這一些景物的陳述。可是這一類的景物一概不見。斯特拉福有一條寬闊的河流，而劇本中卻見不到釣魚翁（翡翠）、水獺、河鼠、復活魚、蜻蜓、鷸（緋秧雞）、蒼鷺。斯特拉福也有森林，但劇本中也不見林鳩、夜鷹和松鼠。劇本中提到獸類、鳥類和昆蟲類，但除了獵獸，如野豬、鹿、野兔，別的動物的描述都不是出自觀察，而是得自書本，且包含了書本的錯誤。

舉個例，關於蜜蜂的習性的錯誤。在《血海殲仇記》（泰特斯・安莊尼克斯）第五幕第一場中，我們看到：

我們願意服從你的領導，
像一群有刺的蜜蜂在盛夏，
跟隨牠們的雄王(master)
飛往百花怒放的原野。

幾乎無須指出完全錯了。但這錯誤卻是來自Du Bartus。

另一個例是《亨利五世》第一幕第二場中著名的蜂房描寫，起句：「正是如此」（蜜蜂們正是這樣工作）。無人能否認這一段文字是最優美的詩；但從博物學家的觀點看來，這整段描寫「每一行都錯」。它取材自 Lyly 的 *Euphues*。

在《維納斯與阿多尼斯》長詩中，有關野豬和獵兔的描述是準確的。培根在逗留法國期間打過獵，放過鷹，對野豬和野兔自然是熟悉的。

斯特拉福的莎士巴是一個家庭的父親，卻斷然不提到小孩。事實上，除了《亨利四世》第二部和《馴悍記》，全不涉及小孩子。莎士巴的信徒們說，這二劇本的若干處所近似斯特拉福，而保安官夏露便是魯西爵士。殊不知這固然關連到莎士巴，但培根也並非無關連。一五九八年，培根獲得皇家授予一塊租地在 Cheltonham，距斯特拉福約二十五哩，距 Barton-on-the-Heath 約二十哩。一六〇六年培根跟帕金頓爵士的女兒（其妻與前夫所生）結婚，帕金頓爵士的住處便在斯特拉福附近，而且由於這門婚姻，便也跟魯西爵士發生關連。

培根童年是在葛蘭堡過的，近於聖阿爾班，而後赴法國、意大利、西班牙，他本質上是個城裏人，而後是伊莉莎白女王和詹姆士王的朝廷命官，他的身世背景全反映在劇本中，尤其是早期的劇本中。

《亨利六世》第一部的場景，便是他旅遊法國的描述；第二部場地便在聖阿爾班就近。

其次我要指出另一點。

作者的特殊研究和他生平中最最著眼之處，在他的作品中應該是會時時被窺見的，這是人們大概會有的期望。

可是斯特拉福的莎士巴究竟有什麼特殊研究呢？他一生中最為著眼之處又是什麼呢？

我們只知他從小便最愛撈錢，除了錢以外，實在看不出他還對別的事有興趣。

我相信現存他名下收受的信僅有一封，而涉及他的名字的同年的信有三封。這些信都是寫於一五九八年。看來這一年他似乎一心都在錢上，一點兒也看不出像個文學家，這些信都關係著錢財的事。

亞伯拉罕・史達雷(Abraham Sturley)給他在倫敦的朋友的信，提到向斯特拉福的莎士巴「以幾碼畸零地，或在於 Shottri 的地，或在我們住屋附近的地，做為抵押，」借了一些錢。

這同一亞伯拉罕・史達雷寫給理查・虧內(Richard Quiney)的信說：「我們的鄉巴佬 Wm Shak 先生該會為我們弄到我們要的錢。」(Wm Shak，即莎士比亞。——譯者)

Adrian Quiney 給他的兒子理查・虧內的信說：「去跟 Wm Sha 打打交道，或者可拿到錢，把錢帶回家來。」(Wm Sha，也是指莎士比亞，都是簡寫。——譯者)

斯特拉福的莎士巴差不多可稱得是放高利貸者了。在劇本中放高利貸者則被輕蔑鄙視。培根有篇論文反對當時的高利貸。

據說斯特拉福的莎士巴耽於宴飲，即好杯中物。而劇本的承當者卻對飲酒無度表明著最高度的輕蔑。

在《女王殉愛記》（安東尼與克麗奧佩特拉）第一幕第四場，我們可看到：

> 和一個下賤的奴才對坐飲酒，
> 搖擺著蹣跚的醉步白晝招搖過市，
> 和那些滿身汗臭的小人互相毆打。

在《奧瑟羅》第二幕第三場，凱西奧對飲酒無度所發的言語：

> 啊，你空虛縹緲的酒的精靈，
> 要是你還沒有一個名字，
> 讓我叫你做魔鬼罷！
> 上帝啊！人們居然會把一個仇敵放進
> 自己的嘴裏，讓牠偷去他們的頭腦，

在歡天喜地之中，把我們自己變成了畜生。
現在還是一個清清楚楚的人，
不一會兒就變成個傻子，
立刻他就變成一頭畜生！
奇怪！每一杯過量的酒，
都是魔鬼釀成的毒水。

《馴悍記》序幕，一個貴族看見補鞋匠史賴躺在地上喝得爛醉，叱罵道：

瞧這蠢東西！
他躺在那兒多麼像一頭豬！

培根的特殊研究是自然哲學、法律和古典，這些題材自首至尾貫穿劇本。他所最著意的是對園藝、藥物和一般科學的關注與實驗，諸如：光、冷、質、聲、響和腐。劇本中這些題材為數極多，下面我只提出關於醫藥科學這方面的例證。

哈維發現血液循環，直至一六一六年纔正式發表。但靜脈瓣膜結構是由Fabriclus於一五七四年提出。這後一步的大發現，劇本的承當者一六〇三年便已知道。

《漢姆列特》第一幕第五場，鬼魂告訴漢姆列特：

當我按照每天午後的慣例，
在花園裏睡覺的時候，
你的叔父乘我不備悄悄溜了進來，
拿著毒草汁的小瓶，
把一種使人麻痺的藥水注入我的耳腔之內，
那藥性發作起來，
會像水銀一樣很快地流過全身的大小血管，
像酸液滴進牛乳般地
把淡薄而健全的血液凝結起來。

《英雄叛國記》（考利歐雷諾斯）中也有類似的智識。第一幕第一場美尼涅斯・哀格利巴講述胃和身體各部的故事，細述胃的一席議論：

不錯，我的同體的朋友們，他說，
你們全體賴以生活的食物，
是由我最先收納下來的；
這是理所當然的事，
因為我是整個身體的倉庫和工廠；
可是你們應該記得，那些食物就是我把它們
從你們血液的河流裏一路運輸過去，
一直傳達到心的宮庭和腦的寶座；
經過人身的五官百竅，最強韌的
神經和最微細的血管，
都是從我得到保持他們活力的資糧。

這一節和《量罪記》（惡有惡報）第二幕第四場中安哲羅說的話：

> 我周身的血液為什麼這樣湧上心頭？

以及《凱撒大帝》第二幕第一場勃魯脫斯對其妻鮑細霞說的話：

> 正像滋潤我悲哀的心的鮮紅血液一樣寶貴。

所示，斷言這位劇本的承當者預知哈維的發現。但這一個斷言是不耐考驗的，因為這些劇本在一六二三年以前不曾印行。

這一點是培根派人所眷愛的，因為像斯特拉福的莎士巴這樣的一個人，會預知這個發現乃是萬萬不會有的事，雖然在培根則未必不然。事實是：上引這些段落的文字，極可能是臨著一六二三年出版前纔寫下來的，此時距哈維的發表已七年，距斯特拉福的莎士巴之死也已七年。若這是實情，則這些段落的文字便不會是出於後者的手筆。

現在進入另一論點。

這位劇本的承當者，他的生平事件會影響到他所寫作的劇本，理該不止在於劇中各色人物的說話，在劇本本身的一般規劃裁量上也該不會沒有影響。

斯特拉福的莎士巴的生平事件，我們事實上一無所知。他以一個窮人來倫敦而離開時則頗為發達了。他以較為穩定的方式進展著而得了某種名，如演員，但他的生活方式看來還是屬於單調一成不變的一類。

在培根，生平事件則清楚反映在劇本裏。他陷入財務困難，被硬心的高利貸者所苦，得其兄長安東尼的援解。於是便有了《威尼斯商人》一劇，那硬心的放高利貸者扮成夏洛克出醜受辱的角色，而安東尼・培根則扮成安東尼奧這個角色。一六〇一年，他出資合夥成立了一隊西印度群島遠征探險隊，那條他認股的船在Burmudas失事，次年便有《暴風雨》一劇。另一個例，發生在他的母親精神耗損的事件上，在《黃金夢》（雅典的泰蒙）、《亨利八世》以及其他劇本中，都有他失落的追念，這些事較後再詳。

現在再換另一論點。

自一五九一年到一六〇六年，有二十六個劇本和詩冊，而自一六〇六年到一六二三年的十七年間則僅有十三個劇本，其中有七個劇本是斯特拉福的莎士巴死後七年纔出版的。而最多產的時期，是一五九一年到一五九八年這七年間。在斯特拉福的莎士巴與佛蘭西斯・培根兩人之間，有什麼樣的事實來解明這種不平衡呢？按常理講，隨著日積月累的經驗，時間越是向前進，作者的寫作應該越是駕輕就熟，產量會越來越多而不會越來越少。

年表第二欄可看到斯特拉福的莎士巴直到一六〇六年，他顯然一直在發達，他一直在積財，他購置了「新地方」，他得了某方面的名，像演員這一類。據此，可知他必須十分勤勞，而沒能有時間去寫作二十四齣劇本和兩卷詩。尤有進者，如果他是作者，在他從事寫作這些作品之前，他必須自修拉丁文、希臘文、法文和意大利文，必須學習法律、哲學、醫學和自然科學，而且要讓他自己熟悉培根多年後纔發表的哲學觀念。再者，這一時期直到一五九八年，正當劇作和詩多產之時，也正是他忙於求得這些必須智識忙不過來之時，因為這些智識並非一蹴可幾可得的。

一六一一年，他退休於斯特拉福，按理這時他多閒暇，應該多寫，多產出一些劇作，但相反地，直到他去世的一六一六年，未再有任何劇作產生。

現在我們轉向培根。

孩童之時他有個好母親足供他打好拉丁文、希臘文和法文、意大利文的基礎；有個好父親引他進入英國宮廷的生活。一五七三年至一五七六年，他在劍橋大學，在此他通究了這些年間的課程而且充分把握住一切機會增進了他的古典智識，且學習希臘、羅馬的哲學。一五七七年，他赴法國，為期三年，得以通曉法國宮廷的禮儀和習尚，而且訪問了意大利和西班牙。一五八〇年，他移居格雷法學院，進行法律研究，且寫作假面舞劇，在格雷法學院演出。

一五九六年，他三十五歲，他抱怨賦閒生計困頓，而女王卻只給他一名冗員做。

一五九一年，正有個人全然符合著手寫作或修改這二十四齣劇本和兩卷詩，且有充足可支配的時間供他去做。若有個人堪於生產出這些劇作和詩作直到一六〇六年，則此人便是佛蘭西斯・培根。由此十分可以理解，培根直到一六一〇年纔出版的〈愛的論文〉中的某些個關於愛的奇異觀點，何以會出現在劇本角色的嘴上。〈愛的論文〉並不包含在一五九七年出版的十篇論文集中。

一六〇七年，培根被任命為副檢察長，變成了一個忙人。他再沒有時間去改寫他的作品，因而自後戲劇的數目幾無所增。從一六〇七年到一六一一年有七齣劇本。從一六一二年，這年他任檢察長，益發忙碌，到他一六二一年下臺，便全無新劇本的產生。他下臺後有了更多的閒暇來寫作，故一六二三年便有多到七齣的劇本。

培根一五八〇年住在格雷法學院，一五九六年出版了第一本標他的姓名的書，亦即是《法律箴言與善惡探真》(*Maxims of the Law and Treatise on the Colours of Good and Evil*)這本書。在一五八〇年至一五九六年之間有證據顯示培根忙於某事，G. C. Bompas 在《莎士比亞戲劇之問題》(*The Problem of the Shakespeare Plays*)中說，Nicholas Faunt 一五八三年五月三十一日寫給安東尼・培根的信說，他曾經去格雷法學院訪問培根，「他的僕人回我，他沒空跟我談話，你的兄弟這個奇怪的對待，在別的時候我不會覺得怪，這回卻令我覺得他或許對我有誤會」。看來培根是正在從事某些神祕的工作，不希望被干擾或被人撞見他正在做的事。《法律箴言》和他為格雷法學院寫的假面舞劇，並不足以解明這一長期的工作。

透過年表第四欄劇作名單，另有一事可被注意到，那就是在一六〇一年之後，劇作的性質有顯明的變化。在這之前，除了《血海殲仇記》和《羅密歐與朱麗葉》，全是歷史劇和喜劇，開朗而活潑，我差不多可以說它們是快活的；但一六〇一年而後，劇作變得一味悲傷、苦楚、愁惻——若我可以用這些詞眼來表示的話。這裏心靈的種種表述的研究被導入了，而瘋狂首次厠入劇中。

或是斯特拉福的莎士巴，或是培根，生活上有什麼足以造成這一改變的原因嗎?

這樣的事件，我們在斯特拉福的莎士巴的生活中一絲一毫也看不到，他的生活中沒有一件可觸目的偶發事件為人所知，就連顯示他曾經經歷過一段沮落的時期的什麼事兒都沒有。

在培根的情況中，實情便不同了。他多年待在律師界，沒有什麼大進展。他貧窮，一直在拮据的困難中。向他姨丈柏萊男爵求取職位失敗後轉向愛塞克斯伯爵，而一六〇一年愛塞克斯伯爵因叛亂受審判，培根為起訴法官之一。由於接受對他的恩人的起訴，他招致許多敵意的憎恨，因為愛塞克斯有眾多朋友。這充分可以說明在他所以有一段時間的沮落，而他之所以接受起訴若是出於不得已，一如較後所示，這一沮落是強烈的。

但還有別的原因在。佛蘭西斯・培根手足情深，而他的兄長安東尼於一六〇一年死了。禍不單行，同年他的母親精神崩潰發瘋了。

培根老夫人安妮精神錯亂之後，劇本便出現有關心靈狀況的研究。一六〇二年，瘋狂導入《漢姆列特》一劇中，而不同的精神病類型的角色出現在一六〇六年的《李爾王》和一六一一年的《麥可佩斯》（馬克白）二劇中。培根一六〇一年間遭遇的事件十分充足來說明一六〇一年直後短期間內戲劇性質的改變，而且我也不以為由培根來改寫既有劇本有什麼困難。只要他接起這些劇本，改寫起來便對得上他的心情。

我們再轉向另一個論點。

人們總以為一系列戲劇，一如第一對開本中的那些劇本，其寫作的轉折變遷，乃是出於作者或改寫者生活中的偶發事件或他的某些個特質，他所過的生活類型，他所從事的研究類型，他的置身環境。而作者在他的戲劇中所描寫的各色各樣的人物，時或不免無意識中依據他自身來描述。

這些戲劇給做最嚴密的檢驗，所顯示的是沒有斯特拉福的莎士巴個人事實的反射，卻大大反射出佛蘭西斯・培根。這裏我們提出其中的一、二項來談一談。

培根是個早熟的孩子，超出他的年齡，聰明而敏給，有位極有才學的母親。十五歲時他抱怨劍橋大學老式的教學。

《理查三世》第三幕第一場，葛羅斯忒講起小約克時說：

當然，當然，這是一個可怕的小傢伙，
大膽、敏捷、乖巧，沒有顧忌而能幹得很；
徹頭徹尾，都是像他的母親。

《維洛那的二紳士》第二幕第四場，伐倫泰因描述他的年輕朋友普洛丟斯說：

可是普洛丟斯——那是他的名字——
卻不曾把他的青春蹉跎過去。
他是少年老成，雖然涉世未深，
識見卻超人一等。

公爵回答：

真的嗎？要是他真是這樣好法，
那麼他是值得一個皇后的眷愛，
適宜於充任一個帝王的輔弼的。

培根小時候是被女王大大眷愛過的，而詹姆士王則任他當王室法律顧問。

培根被父親送到劍橋大學三一學院，而後跟鮑萊爵士到法國宮廷隨伴法國國王。

《維洛那的二紳士》第一幕第三場，潘底諾勸說安東尼奧送他的兒子出去受教育，他說某些父親們送他們的兒子「去勤學的大學」，而伐倫泰因便「在公爵府中供職」。他說，他會

聽聽人家高雅優美的談吐，和貴族們談談說說，
還可以受到些適合於他的青春和家世的種種訓練。

培根的職業在法律，但他研究過許多別的科目，包括醫藥學。

在《沈珠記》（波里克利斯）第三幕第二場，攝利蒙說：

你們知道我素來喜歡研究醫藥這一門奧妙的學術，
一方面勤搜典籍，請益方家，
一方面自己實地施診的結果，
我已經對於各種草木金石的藥性十分熟悉。

據培根老夫人安妮的信，跟隨早年培根的是屬於威爾人的僕人，她強烈地反對此事。莎劇上出現眾多威爾人的角色，這表示執筆者是個對威爾人的癖性和語言非常熟習的人。培根是舉世皆知的自然哲學家。

《女王殉愛記》第一幕第二場中，卜者說：

在造化的無窮盡的祕籍中，
我曾經涉獵一、二。

培根老夫人安妮的信，表示著培根早年的夥伴，也未獲得她的認可。而班江森在他的《發現》(*Discoveres*)一書 *Dominus Verulamius* 一題下說，培根是個能迷住他的聽眾像著了符咒一般的演說者。

《亨利五世》第一幕第一場，坎特布里大主教說：

他一開口說話，
連空氣這位受封的浪子也會靜止不動，
而人們的耳朵滿藏默默的驚異，
都要去竊聽他的甘美的辭句；
這樣看來，他這種淵博的學問
一定是從實際生活中獲得的，
固然他怎樣把智識一點一滴地辛勤累積，
這是一件奇事，
你看他一向惟虛浮之務是耽；
他的夥伴全是些淺薄、粗鹵、無知之徒；

他的時間消耗在狂歡、縱飲、遊蕩之中。

這些話放在大主教口中，豈不是培根從生涯經歷中抽繹出來的嗎?這一節文字在兩版四開本中是沒有的，乃是要出對開本時纔增入。

馬列特(Mallet)在他的《培根傳》(*Life of Becon*)中說：「在他的談話中，他（培根）能夠扮出極端不同的角色，且一個角色有一個角色的語言，熟練一如出於本然。」而奧斯本(Osborn)則說：「我曾經聽見他接待一個鄉下貴族，談起鷹和犬，用的是道地的專門語辭，而在別的時候，他又會講比倫敦外科醫生更在行的行話。」同樣的或類似的才能也見於《亨利四世》的劇本中。在《亨利四世》第一部第二幕第四場，太子說：

在僅僅是一刻鐘裏面，我已受益不少；
此後終我一生，我相信我能和
不論哪一個補鞋匠把杯共飲，
而且不怕用他的語言來和他談心了。

培根早年的生活就是一段繼續不斷的奮鬪。他的父親遺囑中只留給他些少的錢，他在法界寄身，未得寸進。他寄望他姨丈柏萊男爵的提拔而落空。他身受債務的重壓。他向寡婦哈頓者求婚被拒，而此婦卻接納了他的終身敵人柯克(Coke)，不理會她的朋友提出柯克的八項缺點，亦即柯克的七個孩子和柯克自己。柯克是他的頂頭上司首席法官（檢察長），培根充分經驗到他的敵意。這一切我們以為全入了《漢姆列特》第三幕第一場漢姆列特有名的獨白：

> 默然忍受命運的暴虐的毒箭，
> ……忍受人世的鞭撻和譏嘲，
> 壓迫者的凌辱，傲慢者的冷眼，
> 被輕蔑的愛情的慘痛，法律的遷延，
> 官吏的橫暴和費盡辛勤
> 所換來的小人的鄙視。

在《漢姆列特》一劇中，普隆涅斯（波洛涅斯）這個角色乃是對培根的姨丈柏萊閣下的諷刺。但有人說「普隆涅斯並不那麼維肖地來諷刺柏萊閣下」。我想這一點是無可置疑的，普隆涅斯之於柏萊，清晰地是同一人。

柏萊早年時，瑪莉女王曾經要任用他為御前大臣，條件是要他先行改教。他的回答是：

> 我秉承的教訓和應負的義務是奉我的上帝為先，其次為我的女王。

在第二幕第二場，普隆涅斯跟王說：

> 我把我對於我的上帝和我的寬仁厚德的王上的責任，看得跟我的靈魂一樣重呢。

柏萊是伊莉莎白女王的首相，而普隆涅斯是克勞狄斯王的首相。

柏萊在劍橋聖約翰學院求過學，在伊莉莎白女王和詹姆士王兩朝，此學院以戲劇演出出名。第三幕第二場，有：

> 漢：大人您說您在大學裏念書的時候，曾經演過一回戲嗎？
>
> 普：是的，殿下，他們都稱讚我是一個很好的演員哩。

漢：您扮演什麼角色呢？

普：我扮的是裘力斯・凱撒；勃魯托斯(Brutus)在朱庇特神殿(Capitol)裏把我殺死。

漢：他在神殿裏殺死上好的(capital)一頭小牛，真太殘忍(brute)了。

注意劇中的用字 Brutus（勃魯托斯）和 brute（殘忍的），Capitol（朱庇特神殿）和 capital（上好的）。班江森說，培根不會放過這種嘲謔。

柏萊給其兒子羅伯特(Robert)到巴黎去的告誡是很有名的。而普隆涅斯給他的兒子雷歐提斯(Laertes)到巴黎去的告誡益發更有名。

柏萊依賴間諜治國，這是他種種失人心作法當中的一項。普隆涅斯也是這樣，在第二幕第一場，甚至還派遣他的一個間諜去監視且報告他自己的兒子的行為。他甚至自己當了間諜，且因此而送了命，或如漢姆列特所指說的「自己的炮轟了自己」。

我們知道柏萊的公眾生活史——也可以說就是伊莉莎白朝的政治人才史，但我們對於他的私人生活或他個人是屬於那一種人幾乎無所知。如果普羅涅斯是被用以再現柏萊——我認為這點絕無可疑，《漢姆列特》一劇便給了我們關於柏萊這個人物某些個認識。所有諷刺的描寫都是過甚其詞的，無疑普羅涅斯—柏萊這個角色的特性是出於絕對不友善態度的誇張。

普羅涅斯扮演一個說話冗沓迂腐這麼一個角色——可看他在第二幕第二場跟國王、王后談話提到漢姆列特的疑似發瘋的一節。他是多嘴的，他胡言亂語。他語無倫次，思想脫線，他說：「噯喲，我正要說一句什麼話；我說到什麼地方啦？」（第二幕第一場）漢姆列特則說：「把他關起來，讓他只好在家裏發發傻勁。」（第三幕第一場）而喚他「你這倒運的、粗心的、愛管閒事的傻瓜」（第三幕第四場）「討厭的老傻瓜」（第二幕第二場）「愚蠢饒舌的傢伙」（第三幕第四場末尾）。

Gervinus 在他的《莎士比亞記事》(*Shakespeare Commentaries*) 一書中，針對著普羅涅斯這個角色說：

> 關於漢姆列特的父親，我們聽到的是那些驕傲的、時時被引用的語詞，對於一個偉人最最光耀的讚詞。
>
> 「他是一條漢子，我認為他是盡善盡美的，像他這樣的人再也難得一見。」（第一幕第二場，譯者自譯，朱譯、梁譯、坪內日譯皆有誤。）
>
> 普羅涅斯和他是多麼強烈的一個對比！這一對比的精切描繪不可能被那些努力想將這個角色置諸其曲意解釋之下的人所能理解——一個不值得一駁的努力。如果普羅涅斯

差和糟的品性稍微被他的好品性所掩蓋，漢姆列特交付他將演員們帶下去時怎得吩咐演員「不要取笑他」（第二幕第二場）？他是其所愛的人的父親呢！怎得當著他的女兒的面，說她的父親是傻瓜（第三幕第一場）？怎得叫他是一個討厭的老傻瓜（第二幕第二場）？怎會更對著他的屍體說他「生前是愚蠢饒舌的傢伙」（第三幕第四場）？他並未演出什麼不好的動作，但他的戲實際上絕非可敬。他不疲不倦偏愛旁敲側擊、竊聽，終至被犧牲掉了。他愛管閒事，什麼事都要插一手，甚至追蹤他的兒子在巴黎的所做所為，對他的子女他關心他們的外在行為而不太關心他們的內在德性，他一男一女全都不信任。這個人無所不探求，用以自細自縛，「只要有線索可尋」，他便要「找出事實的真相」，「即使那真相一直藏在地球的中心」（第二幕第二場）；可是老漢姆列特的猝死和王后的改嫁，他卻置之不聞不問，或者即使他究問了，探明了真相，對於此事，他既無動於衷，也不會有意見，正像個道道地地的諂臣。此人正像羅馬王克勞迪阿士所要求的那一班貨色，在國事上王不會去問他，但宮廷內的、王私人的事，王卻貪婪地心甘情願地聽納他那天花亂墜的巧言，而不計較他的過分自信。達到練達世情的年齡，諂媚老手便不乏經由細心收集與呶呶口給而得的經驗與通達。他之為無知的自負是顯明的，同樣的自負他給予他的兒子訓示一大堆箴言，給他的僕人上了一堂人性的課，且向他的王上進忠告。在他自我想像的狡猾中，他自認為是個聰明而且極端謹慎的人，於是他自信他的頭腦萬無一失。我們都知道自滿、過分自信者，甚至在面對事件已證明他先前預料各種事情會發生的預言、宣告是謊話時的顢頇態度；我們都知道愚人偏有記得聰明話（名言）的好記性；而有辯才的人講話則顯得比本有的更有才智，直到他不知不覺露出他更多的愚蠢與無知來。普羅涅斯便是這樣的一個人。他不費事地說謊，因而帶給自己在無人告知他之前便如坐針毯般覺知漢姆列特愛他的女兒。而後他從頭到尾看著漢姆列特逐逐發瘋，他全在他的意識知覺中。他願望理解一切，熟悉一切，經歷一切：一個聰明利落的角色——我們斷言這個人必然得是這樣的角色；但是我們卻很想和漢姆列特在戲中所表白的持同一的評斷；一個像漢姆列特遭受「為愛慘悽悽」（第二幕第二場，譯者自譯）的瘋漢，我們從他的表白中收集到很多，因而推斷普羅涅斯是個老罪人。他意圖討好一切人，不論他確實是什麼樣的人，他輕易屈從別人的意見；而設若人們訕笑他，歌德說，他便裝聾作啞，誰都寧肯相信，實際上他大部分的時間都在裝聾作啞，他用這副態度與每一個人周旋，除了漢姆列特；在這個更深的本性之前，他是無助的，這個更深的本性是他所不能企及的；可是這個笨伯老是敗露他的笨相，雖即他心想王子是個瘋子。漢姆列特也一樣，幾乎不可能跟他相融洽。他全然恨透了這個淺薄、虛偽的人物，而隱藏不住對他的嫌惡，甚至做為奧菲利婭的愛人，對這位父親的女兒，或對這位女兒的父親，應有的最尋常的尊敬他都辦不到。

我曾經說過，無疑的這齣戲劇中關於柏萊的諷刺畫是過甚其詞的，但我卻不能不認為在柏萊私人方面他是那一種人，這幅諷刺畫卻給了我們某些個洞察。

於是問題來了：誰寫了這幅諷刺畫？

有兩件事我以為是可以確定的。第一，此人必定一直不喜歡柏萊而且衝著他，抱著某種怨恨，否則不會拿他來訕笑。第二，此人必定親身認識柏萊，必定跟柏萊有密切的交接，而且十分熟悉柏萊的私癖，否則便不可能拿他來訕笑。

沒什麼事情顯示斯特拉福的莎士巴不喜歡柏萊或曾經對他懷恨，暗示以他的身份和像柏萊這樣身份的人有密切的個人熟悉，如以為有這樣的事情，那是荒誕無稽之談。伊莉莎白和詹姆士時代演員的社會地位，我們在本書別處另有提及。

在培根情形就大大不同了。柏萊是他的姨丈而且是國中權勢最顯赫的人。培根曾經寄望他來提拔，但是柏萊有公私兩方面的理由未進用他；他一再請求而他則一再拒絕。培根之兄安東尼曾經多年無給任職於法國和意大利政府。他返國後向柏萊請求某些職位好來填補他多年的開銷，但柏萊全無回應。兄弟倆憤恨柏萊的冷待，遂轉而加入愛塞克斯伯爵的黨，有一次甚至試圖排擠柏萊想以愛塞克斯來取代其位置。培根自小時便熟知柏萊，一生跟他交往密切，對柏萊其人必然十分熟習。無人有更充分的理由，無人更合格來寫這幅諷刺畫。

培根自小便出入宮廷，他十分熟習宮廷情事；他知道要廁身於朝廷有多困難，要保住既得的職位有多困難。一六一八年他任大法官，王的良心監督人，獲得最高職位，這份職位原非非王室血統的外人所能膺任的；三年後他喪失了這個職位。垮臺後他纔深切認知要離開他長久以來所熟知的宮廷是多麼地困難。

《還璧記》（辛伯林）第三幕第三場，裴拉律斯說：

宮廷裏的勾心鬪角，
去留都是同樣的困難，
爬得越高，跌得越重，
即使倖免隕越，
那如履薄冰的惴懼，

也就夠人受罪。

雖然依照 Halliwell-Phillipps 的《莎士比亞傳要》(*Outlines of the Life of Shakespeare*)，《還璧記》演出於一六一一年，那是在培根垮臺前十年，這一點應該被記得，不過此劇卻是直到一六二三年第一對開本纔首次印行。我們在本書稍後討論到為了出版第一對開本的目的，這些劇本被修改過。

培根騰達的那些日子，培根濫用他的金錢，揮霍無度，未為艱困的來日積蓄，終至艱困的來日到來時一身而外幾無長物。他的某些舊識，如 Toby Matthew 爵士和班江森，都依舊盡情待他，但有的則不然。

這些情境便帶入了《黃金夢》（雅典的泰蒙）一劇，莎劇的權威 Halliwell-Phillipps 直到一六二三年出對開本纔知有此劇。此劇描寫了那幫酒肉朋友的鄙陋行為，培根且諷刺了自己的浪費與無度的慷慨，將自己先前擁有的財富揮霍掉了。弗雷維厄斯在泰門（泰蒙）黃金散盡之後，跟 Toby Matthew 爵士和班江森之忠心於培根一樣忠心於泰門。

《亨利六世》第二部第四幕第七場，舍勳爵對著要砍他的頭的凱特及其同夥的叛民做了如下的陳說：

執法從寬，這是我所常做之事；
祈禱和淚水曾經使我受到感動，
而私行賄賂則從未能動我之心。
除出為了要維持王室，保衛國家，
以及增進你們的幸福之外，
有什麼時候我曾向你們強取分文？
我曾把大量財物捐贈給有學問的教會中人，
因為我愛學問過於愛我的王上，
我知道無知是上帝的咒詛，
而有知是使我們飛向天國的翅膀。
……
這一條舌頭曾經為了你們的緣故
而和外國的君主們談判，——
……
偉大的人物運籌帷幄，決勝千里；

我常常和那些我所從未見到過的人作戰，
而給他們以致命的打擊。
……
為了關心你們的幸福而這兩頰已變成蒼白無神，
……
為了計劃窮苦人的事情而伏案久坐，
已使我滿身病痛。
……
告訴我，在什麼地方我犯了大罪？
我是不是曾經貪戀富貴？
說吧！是不是我的箱子中滿藏著不義的金銀？
是不是你們見到我衣著奢華？
我曾經損害過什麼人而你們要置我於死地？
這兩手是沒有無辜者之血的污沾，
這胸中是不曾懷抱過卑污欺詐的思想的！

這些話語絕對符合培根垮臺時的地位。一如舍勳爵，他未否認收受禮物，但他否認這些禮物影響了他的審判。他一直是王與國家的忠僕。他花費金錢和時間努力將智識分予他的同胞國人。做為一個法官他的判決是公正的，而他的推斷皆一如事實所示未曾受到任何因素的改變。他不曾勒索過，不曾懷過污念。

上引各行文字未出現在所謂的「爭議四開本」，這是很值得注意的一個重點，這些文字首次出現在第一對開本，時在培根之敗兩年後，斯特拉福的莎士巴死後七年。

我們再舉《亨利八世》第三幕第二場中伍爾綏有名的獨白，起始是：「再會！永別了，我的一切權位光榮！」下面接著的便是跟克倫威爾說的話。這些話一字接一字只符合落敗後培根的感受。便是用他自己的名義來寫他自己的境況也無法寫得比這些個更加合適。在第四幕第二場第四十八行至五十七行用格列斐斯的嘴來描寫伍爾綏，也十分等同適用於培根。

《亨利八世》此劇有個史實的錯誤陳述，這個誤述的事實反映了培根生平中的一項事件。

歷史告訴我們亨利八世時伍爾綏之敗，王室派遣兩個貴族，即 Nortolk 公爵和 Suffolk 公爵去交卸掌璽大臣的印璽，而詹姆士一世時培根之敗，則派遣了四個貴族來卸璽。四個貴族是：Treasurer 勳爵、Lennox 公爵、Pembroke 伯爵和 Arundel 伯爵。在《亨利八世》劇中，有四個貴族來向伍爾綏交卸印璽，即 Norfolk 公爵、Suffolk 公爵、Surrey 伯爵和 Chamberlain 勳爵。Norfolk 公爵和 Suffolk 公爵的出場是合於史實的，但 Surrey 伯爵和張伯倫(Chamberlain)勳爵的出場是不符史實的。

如果斯特拉福的莎士巴寫了此劇本，便不應寫得不合史實而合於他死後多年培根遭遇的事件。不止被派遣去向伍爾綏交卸印璽的兩個貴族為史實所無，四個當中的兩個的爵位尚且跟交卸培根的相同，雖然他們的爵位偽飾過。Thomas Howard（即第二世 Arundel 伯爵）就是 Arundel 伯爵和 Surrey 伯爵；而一六二三年的張伯倫勳爵，這一年第一對開本出版，就是 Pembroke 伯爵。這是培根依據親身經歷而寫作的另一例，我不懷疑；顯然他有意避免寫得過分顯明。他用第二個爵位來稱 Arundel 而用官銜來稱 Pembroke。

《亨利八世》有一段反映了培根下臺直前的一件事。

培根曾經反對 John Villiers 爵士，白金漢公爵的兄弟，打算跟愛德華・柯克爵士之女結婚，此事得罪了公爵。麥考雷(Macaulay)在他的〈論培根勳爵〉論文中告訴我們他的失勢：

> 他冒險晉謁白金漢。但這位暴起的生手卻未曾想到他已經嚴重貶損了一位曾經是他的朋友與恩主的老人，一位本國最高文官，且是世上最顯赫的學問家。據說培根連續兩天赴白金漢的官邸，這連續的兩天培根遭受留滯在小廝們圍繞著的接待室中，坐在一

個舊木箱上，帶著掌璽大臣的官銜。

在第五幕第二場，葛蘭墨在會議室外候傳謁見，圍繞著僕役和侍童，御醫白茲要到王所去路過，於是有如下的劇文：

葛（傍白）：這是白茲博士，國王的侍醫呢：
當他走過的時候，他那一雙眼睛多麼熱切地看著我啊！
願他不把我的恥辱向別人去宣揚吧！
無疑的，這是一些憎恨我的人所故意安排下的——
願上帝改變他們的心意！
我從未想要惹出過他們的惡意——
以使我的榮譽受到侮辱；
他們使我，他們的一位同僚，
雜在侍童和廝役中間在門外等候，
他們應該覺得是可恥的。

可是，他們的旨意非被服從不可，
那末，我就忍耐一切，在這兒老待吧。

〔國王及白茲博士自上一窗中出現〕

白：我要請陛下看看最可怪的一種景象——

王：那是什麼呢，白茲？

白：我以為這景象陛下已經看得厭了。

王：啊，到底在哪兒？

白：瞧，那兒，我的王上：
那位坎特伯里主教大人已經大大地陞遷了；
他此刻正在那門外雜在侍童和廝役們中間開府設庭呢。

王：哈，原來是他，真的：
這難道是他們之間互尊互重之道嗎？
幸虧還有著一個高出於他們之上的人呢。
他們總尚有相互間的誠實，

> 至少會有相當的禮貌，
> 而不至讓一個處在他的地位
> 而且蒙受我的恩寵的人侍候他們的旨意，
> 還得站在門外，像是一個手持簡柬的信差的。
> 聖母在上，白茲，其中必有惡計。

在我看來王的話語似乎暗示著那些要弄垮培根的人當中的一部分人是有惡計。

依據 Halliwell-Phillipps 的《莎士比亞傳要》，《暴風雨》一劇出現於一六一一年；但首版卻是一六二三年。到底一六一一年這個劇本是什麼樣子無人能說，因為一無可知。可知的這個本子，乃是出版於一六二三年的對開本，此本包含著許多暗示培根較後的研究，如〈風之歷史〉、〈海潮之漲落〉、〈航海術〉。

在垮臺後，一六二一年寫於倫敦塔的文字中，培根說：

> 當我死了，他是過去了，那總是同一個程式，他是他的主人的一個真實的和完美的僕人，而且永不是任何過激的，不，也不是不安全的，不（我一定要說），不是不幸的

計劃的設計者，且乃是非任何誘惑所能入的一個可信賴、誠實且深愛於閣下的朋友。

培根這個報效朋友的描寫，提示在《暴風雨》第一幕第二場中：

請你想想我曾經為你怎樣盡力服務過；
我不曾對你撒過一次誑，
不曾犯過一次過失，
也不曾發過一句怨言。

曾經有人聲稱《暴風雨》是培根的文學聖經，而且的確有某些話語看來普洛士丕羅與培根是同一的。例如：第一幕第二場，普洛士丕羅說到：

我的弟弟，就是你的叔父，名叫安東尼奧。
聽好，
除了你之外，

他就是我在世上最愛的人了。

他提到自己，如：

我因為專心研究，

如：

在幽居生活中修養我的德性。

然後他說：

我，可憐的人，我的藏書
便是夠大的公國。

不管普洛士丕羅是否即意謂培根，有一件事是確定的，即他們有一個共同的習慣。談到睡眠，培根說：

午飯直後，或四點，在身心兩方面我都絕無抵抗的氣力。

在《暴風雨》第三幕第二場中，卡列班跟斯蒂番諾和屈林鳩羅提出謀害普洛士丕羅的計謀，他說：

我對您說過，他有一個老規矩，一到下午就要睡覺。

我認為那些持《暴風雨》是培根的文學聖經之說者的憑據就是如下的一些理由：

這個島是此劇的舞臺。培根就是該大魔法師，「因著我的法力無邊的命令，墳墓中的長眠者也被驚醒，打開了墓門而出來」，「以後我便將折斷我的魔杖，把它埋在幽深的地底，把我的書投向深不可測的海心」（均見第五幕第一場），這些話指出了培根對於第一對開本中他所執筆的部分的緘默。斯蒂番諾曾經偷過酒（即詩），在某些個時候，他被認為是該島之王，但在戲的結尾時他丟了他的虛假王冠，他就是斯特拉福的莎士巴，而卡列班，當他明白了真相時說，「我真是一頭比六頭蠢驢合起來還蠢的蠢貨！竟會把這種醉漢當做神明」，即扮演了一般民眾，或換用別的話說，便是班江森的「張口發呆的聽眾」。

無疑地斯特拉福的莎士巴並不是對教育的好處有特別信仰的人。他出生於一個無學識的環境中。他的父親是不是會寫字那是大問題。西德尼・李爵士認為他會寫字（西德尼・李說，約翰財務上的數字處理得很好，應該不至於目不識丁——譯者），而Halliwell-Phillipps則表懷疑。他的母親連簽名都不行。如果他是劇本的作者，他一定是自修過，但這是不可能想像的，一個既已深知教育的好處的人居然允許他的子女在無教育之下生長。蘇姍娜，他的大女兒，則不能讀他丈夫的文件，他的第二女兒朱蒂絲則不會簽名。這不符《馴悍記》（馴悍婦）第一幕第一場裏非常出色的文字：

> 我希望我的孩子們得到良好的教育。

（譯者附言：這一句的詳譯是：「我要非常慈愛非常優容地讓我的孩子們在良好的教育中帶大。」）

西德尼・李爵士說，莎士比亞（即斯特拉福的莎士巴）一五九六年可能回過斯特拉福，其後雖仍在倫敦居住，每年都回斯特拉福。一五九六年，蘇姍娜大約十三歲，而朱蒂絲大約十一歲，如果莎士巴對教育有興趣，他不可能沒注意到他的兩個女兒的失學。此外他最後退休斯特拉福，也無一事表示他任何追求智識的興趣，且也沒有任何證據顯示有過任何藏書。Halliwell-Phillipps 說，除開聖經、祈禱書、聖詩集和教科書，全斯特拉福確實不超出二至三打的書，或者還達不到此數。談到斯特拉福的莎士巴是否有過一套藏書時，他說他「在他生平中的任一段時間裏他有過一本書，乃是極為不可能的」。

莎士比亞戲劇，要沒有一套藏書是無法加以做適當的研究的；那麼它們怎有可能在沒有一套藏書之下被寫出來呢？

這一套劇本的執筆者對教育有非常不同的看法，用極度輕蔑的筆對無知加以公然抨擊，如下的摘錄便是：

> 啊！你無知的魔鬼，你的容貌多麼傖俗！
>
> （《愛的徒勞》第四幕第二場）
>
> 世間並無黑暗，祇有愚昧。

（《第十二夜》第四幕第二場）

我知道無知是上帝的咒詛，
而有知是使我們飛向天國的翅膀。

（《亨利六世》第二部第四幕第七場）

但願人類共同的咒詛，無知和愚蠢
一起降在你的身上！

（《特洛埃圍城記》第二幕第三場）

但莎士巴的信徒們卻說，假如莎士比亞（即斯特拉福的莎士巴）是個無知的人——那是培根的信徒們硬搞出來的，為什麼一定要像培根那樣的人他纔行呢？

我不相信斯特拉福的莎士巴是個無知的鄉巴佬，某些人就是有意這樣來塑造他。我相信他是個精明的生意人，對於牟利的機會他獨具隻眼，他終究搞得很成功；他是有某種聲望的演員，只是並非大角色，也可以說，是個頗抓得住這個時代的大眾要求的舞臺經理人。他正是培根會僱用於他已著手的特殊工作的那種人。

培根在〈論交涉〉一文中說：

找媒介者，還是找素人這一類人好，……用人一樣要僱用深耽於其事者，纔能駕輕就熟。

斯特拉福的莎士巴便是個「素人」一類的人，且是他受僱事務的解事者；因為他是個「男演員」，且僅僅是個「男演員」，一如下文所示。

培根在他的〈論嫉妒〉一文中說：

> 我們在開始時曾說，嫉妒的行為，其中帶有些許巫術成分；醫治嫉妒，除了消除巫術成分之外，並無良方：其法，解去符呪（他們這樣叫它），轉移之於另一人。為達到此目的，大人物中較聰明者常會將某人帶入這個場，讓他引出嫉妒，它會自動找上來；有時候是高官和僕從；有時候是同僚和夥伴；諸如此類；這一轉換，立即見效，某些性激且烈愛攬事的人，只要授以權柄和職務，將無所顧惜一往赴之。

斯特拉福的莎士巴便是個「愛攬事」天性的人，他的職務是為他所屬的劇團獲取劇本。他處理他的職務處理得很好，而且從中賺到不少錢。他冒了些險攬認《理查三世》一劇為自己所作。

《薔薇十字會會員團體之自白》(*Confession of the Rosicrucian Fraternity*)一書，一六一五年出版，有如下的話：

> 做為我們自白的總結，我們要熱心地勸告你們，你們須拋棄那些偽化學家無價值的書，縱非全部，也要拋棄大部分，這些偽化學家將最神聖的三位一體應用在子虛烏有的事上，那根本是開玩笑，他們或用怪異的符號和謎語來騙人，或藉著人們易受惑的好奇心來斂財；我們的時代產生了許多這樣的人，最大的一個是個舞臺演員，此人懷有足夠的變詐伎倆。

本書本章稍前觸及的論點，被概括在 G. C. Bompas 的《莎士比亞戲劇問題》(*The Problem of the Shakespeare Plays*)一書中如下的話：

> 要將這些戲劇的主題和場景中的語言和學識套入莎士比亞（即斯特拉福的莎士巴）的生平中似乎有困難。天才畢竟是取諸環境的，不論他怎樣子以改變。

華爾特・司各脫(Walter Scott)寫過中古傳奇故事，和蘇格蘭史以及家常生活；羅伯特・朋斯(Robert Burns)寫過《溪岸和山坡》(*Banks and Braes*)和鄉村之美；狄更斯(Dickens)集中寫作如畫般的、詼諧的、哀婉的庶民生活；薩克萊(Thackeray)寫查特豪斯(Charterhouse)的故事；迪斯雷利(Disraeli)寫政治長篇小說；格拉德史東(Gladstone)寫荷馬長篇論文。莎士比亞（即斯特拉福的莎士巴）的感受天才，如果他真的具有的話，一定會引入他家鄉華威克郡(Warwickshire)的景物和民風，一如喬治・愛略特(George Eliot)那樣，而後將他來倫敦當時他家鄉市鎮種種活力旺盛的生活引入戲劇中。心有靈犀，胸無點墨，他的天才究將以何種方式爆發而出？法國政治、意大利小說、羅馬歷史、西班牙傳奇，丹麥傳說、拉丁戲劇、法國戰爭和聖阿爾班戰場，這些個出自書本學識的種種，如何出在他的筆下？這一連串的不確定（未必有），再以幾何級數相乘，便成了不可能了，但這一切自然而正確地全合於佛蘭西斯・培根的生平，且反映出其多樣的真實性。

雖然我為各個劇本列了年代，像Halliwell-Phillipps所做的那樣，我還是得提一提，某些鑑定者認為一部分劇本的產生要更早得多。它們中的許多劇本初次出現時並不是和一六二三年的第一對開本一樣的。它們是經過一再修改而來的。各種四開本便呈示著這事實。一個第一對開本的劇本，在許多場合中，乃是第一四開本的修訂，故第一四開本可能便是某些較早未曾出版過的修改本，或是縱使出版過，也已失傳；這個較早的劇本比起現存的定本或許僅僅是一個素描而已。

《愛的徒勞》（空愛一場）是第一部以莎士比亞(Shakespere)之名出版的劇本。初次通告，依據 Halliwell-Phillipps，乃是一五九七年。但一些鑑定家則列為一五八九年的產品，而另有一些則早到一五八四年或一五八五年。

此劇呈示熟悉法國貴族宮廷生活，培根是熟悉的，劇中的國王及其朝廷，培根在隨從鮑萊爵士期間混得很熟悉，場景便是培根曾經訪問過熟知的所在，而劇中的腳色所表現的某些非尋常觀點乃是培根所主張見於其直到一六二二年纔出版的〈論愛〉這一篇論文。在第五幕第二場中，拿伐國王和他的侍臣假裝做俄羅斯人走近法國公主和她的侍女之前，他們的目的是要向侍女們示愛。一五八四年俄羅斯大使團來訪伊莉莎白的宮廷，為沙皇選后。此事幾無可疑地激發了本劇的這一場戲，而培根這位伊莉莎白宮廷的「常客」幾無可疑地知道那一次訪問的全程。

《愛的徒勞》成於一五八九年，那時培根十足充分合於做為此劇的承當人。但是斯特拉福的莎士巴則絕對不適合。其時他只是個馬夫，最多是個在柏貝吉戲園供人使喚的跑腿而已；他未曾到過法國，對法國宮廷生活一無所知，不曾見過拿伐國王或他的朝臣，且對於俄羅斯大使團來訪一事幾不像是有所知。若此劇成於一五八四年或一五八五年，斯特拉福的莎士巴的作者身份便變得愈加不可信了。

《錯誤的喜劇》（錯中錯）一劇被聲稱早在一五七六年便已出現。那年有一齣《錯誤的歷史》在伊莉莎白御前，於漢布頓宮廷由「保羅的童子們」演出，此劇被聲稱為我們現今所知《錯誤的喜劇》一劇的初稿。這同一劇也被聲稱一五八一年於溫得索在伊莉莎白御前，以《菲拉斯的歷史》(*Historie of Ferras*)之劇名演出。

一五七九年，史蒂芬・戈森(Stephen Gosson)在他的《罵人的學校》(*School of Abuse*)一書中提到現存（今已佚——譯者）的一齣戲劇《猶太人在公牛酒店》(*The Jew Showne at the Bull*)：「描繪了俗世趨利者的貪婪與放高利貸者的血腥心性。」此劇被聲稱為草本，最後發展成《威尼斯商人》一劇。

史蒂芬・戈森也說到一齣戲劇名叫《凱撒與龐培的歷史》(*History of Caesar and Pompey*)在一五七九年演出。此劇被斷定是最後發展成《凱撒大帝》一劇的草本。

一五八四年，一劇名叫《菲列克斯與菲羅美娜》(*Felix and Philomena*)在宮廷中演出。此劇被認為是最後發展成《維洛那的二紳士》一劇的草本。

《漢姆列特》一劇也被聲稱在一五八四年或一五八五年時演出。

若想查問較早年代的戲劇，可讀 G. C. Bompas 的書：《莎士比亞戲劇之問題》。

那麼，如果這些早先的年代無誤，而且這些各種草本的作者也就是定本的作者，則斯特拉福的莎士巴是或不是作者的問題便可以斷然獲得底定了。他不可能是作者。

《錯誤的喜劇》是依據普勞特斯(Plautus)的《雙胞胎》(*Menaechmi*)寫作的，一五七六年此劇尚未英譯；因此，草本的作者一定得是一個學者。此一草本的劇情地點設在宮廷中；因此，這個作者必定是個出入宮廷的人。

一五七六年斯特拉福的莎士巴纔十二歲，還在學校唸書。他不可能有充足的古典智識來英譯普勞特斯，而且不可能有劇本在伊莉莎白的宮廷演出。

應記得一五九四年在格雷法學院有演劇，而《錯誤的喜劇》便是在培根導演下於格雷法學院大廳演出。

《威尼斯商人》這一劇本源自意大利，而有關猶太人這一部分是出自意大利小說，一五七九年尚未英譯；故草本的作者必定得是一個通意大利文的學者。劇中場景部分在威尼斯，部分在貝爾蒙特(Belmont)，位在菠蒂亞(Portia)；故得假定作者對意大利有所知。

一五七九年斯特拉福的莎士巴十五歲，正從事屠夫的工作幫他的父親。他那來有機會學習意大利文？怎有可能有關於威尼斯或貝爾蒙特的智識？

一個十五歲的屠夫助手怎可能寫出後來成為《凱撒大帝》的草本呢？

《維洛那的二紳士》是依據蒙得瑪攸(Montemayor)的《蒂婀娜》(*Diana*)傳奇寫作的，一五八四年尚未譯成英文；故草本的作者必定得通曉西班牙文。此一草本在宮廷演出過；故作者在宮廷必定得有充分的影響力，纔能使得劇本在女王之前演出。

一五八四年斯特拉福的莎士巴二十歲，依舊從事屠夫的工作在幫他的父親。他那來機會學習西班牙文？他怎可能有關於維洛那、米蘭或曼都亞的智識？而一個鄉鎮屠夫助手那能有影響力使他的劇本在女王面前演出？

《漢姆列特》一劇是取材自貝雷佛列斯特(Belleforest)的《悲劇歷史》(*Histoires Tragiques*)，直到一六〇八年，此書迄無英譯；故作者一定得懂得法文。場景出在丹麥；故作者對該國必定得有所知。

一五八五年斯特拉福的莎士巴的地位跟一五八四年大致相同；他依舊在斯特拉福，而且依舊從事屠宰業來幫他的父親。關於他的法文智識，我更不能明白那些最為熱烈的莎士巴信徒所說，法文的學習乃是斯特拉福免費學校原定的部分課程這種說法，而且我也從未聽說斯特拉福的莎士巴慣於用屠宰他父親的羊或牛的空隙來消磨於研習法語文法的任何傳說，雖然奧伯雷(Aubrey)說他屠宰小牛時「趾高氣昂，且來一場演說」。

《第十二夜》這一劇被聲稱早在一五八四年便已出現，此劇是針對伊莉莎白宮廷若干成員而寫的諷刺劇。有人主張劇中的馬伏里奧是影射Raleigh，當時他是伊莉莎白的御前大臣，而小丑則意指 Dick Tarleton，乃是宮廷的弄臣，而托培・貝爾區爵士則意指 William Knowllys 爵士，乃是王室的總管家，而瑟巴士顯就是 Robert Devereux，即後來的愛塞克斯伯爵，而薇珴拉便是他的姊妹 Penelope，即後來聲名狼藉的 Lady Rich 。

如果此劇是宮廷諷刺劇，執筆者必定自身也是宮廷中的一員。只有宮廷中的一員纔知道宮廷中的閒話，也只有宮廷中的一員纔知道分寸，寫到什麼樣的狀況，適可而止，免於惹禍。

一五八五年斯特拉福的莎士巴，如先前所述，乃是斯特拉福的一名屠夫助手；未曾來過倫敦。

我們給予前述各草本的年代也許是正確的；而它們的作者也許也是定本的作者；但如果這同一人是草本和定本二者的作者，此人確定不會是斯特拉福的莎士巴。依據對他的所知，任何人要相信他在他的一生中的任一時段寫得出任一本莎士比亞戲劇，乃是十分困難的；但是要求任何人去相信在一五七六年他寫了《錯誤的歷史》，或在別的年間寫了前述別的草本，這在一般常識上是對此人做了太大的輕信的要求了。

我以為關於前面提出的這些早年草本的全部困難，可以由培根修改現存劇本來加以說明。

在本考釋的本章我曾經努力回答莎士巴的信徒們的所信，假定這些戲劇成於單一人之手。為此我採用了 Halliwell-Phillpps 的繫年且努力去顯示假若這些戲劇成於一人之手，則培根比斯特拉福的莎士巴遠為更可能。我曾經試著在莎士巴信徒們自己的立腳點上與之周旋予以答覆。因為我不相信我們現存的這些戲劇全部出於一人之手，本章所做的若干陳說或未盡符合後文所示。鄙意先做一個聲明乃是明智之舉，以免招致自相矛盾之譏。

三、理由二

莎劇的承當者，不論其人是什麼來歷，他是貴族、哲學家、拉丁文和希臘文學者、法語文和意大利語文的精通者、開闊心靈的新教徒和律師；熟悉宮廷生活，且擁有數量驚人的字彙。

貴族

任何人用心讀過莎詩一定會得到這樣的結論：它們的作者無論出身或人品都是貴族的。《維納斯與阿多尼斯》和《露克蕾絲》兩詩處理的都是非尋常事件，但題材的處理卻是極盡高雅之能事。

斯特拉福的莎士巴生於不識字的雙親，度其前二十年的人生於一個不足道的鄉間市鎮的鄙陋環境，而兩詩出版直前據傳他還只是一名馬夫。一個這般出身這般境遇的人，不可能將《維納斯與阿多尼斯》和《露克蕾絲》的題材處理成這樣高雅表現的詩。尤有進者，人們應該會期望從中發現，尤其是《維納斯與阿多尼斯》，發現若干華威克郡的語彙和詞彙，假若他是作者的話；但全詩中並無華威克郡的隻語片詞。

精究這些詩，顯示其承當者強烈地不喜歡卑微的、凡俗的或庶民的一切。所有這些戲劇，除了《溫莎的風流娘兒們》，都涉及宮廷、國王或王子，或高層人氏。而較下層人民被引入時，通常是當做獻寶來耍弄。作者的同情清晰地投在像舍勳爵、凱撒大帝、科利奧蘭納斯、瑪克・安東尼這些角色，而不在人民。較下層群眾，隨演說者的說辭，先是倒向這一邊，繼而倒向另一邊，這種隨風轉的狀況，顯示作者對較下層人民的心智能力抱持著鄙夷的態度。

在《亨利四世》下部的序幕裏，我們可看到：

謠言是一支用猜疑、嫉妒、忖度去吹奏的風笛，
眼目分明，容易調節，
即使是那被罵為多頭怪物的無知愚民，
那永遠意見不一，朝晚變心的烏合之眾，

也都能把它握在手中，任意玩弄。

《亨利六世》第二部第四幕第八場，當凱特向群眾演說時，群眾高聲喊：

我們跟從凱特！我們跟從凱特！

而當克里福特向他們演說時，他們立刻轉而大叫：

擁護克里福特！擁護克里福特！
我們跟從國王和克里福特！

於是凱特說：

曾有過羽毛只被這麼輕輕地吹著，就會東西飄蕩，像這一群烏合之眾嗎？

在《威尼斯商人》第二幕第九場：

那無知的群眾，
只知道憑著外表取人，
信賴著一雙愚妄的眼睛。

這些全跟培根的見解一致。

他控訴Talbot說：

閣下看看這些意見多麼怪異，多麼像兩隻野獸，一隻有七個頭，一隻有許多個頭——一隻就是pope（權威者），一隻就是People（百姓），——讓牠們立即進入罷。

在〈論迷信〉一文中，他說：

百姓是迷信的主人，在一切迷信中，智者則跟隨愚人。

務必留意（一如病中宣洩火氣時），切莫宣洩火氣時也把元氣一併洩掉；當百姓成了改革者時，這種情形是常見的。

在〈論讚美〉中談起讚美，他說：

如果讚美是反映自一般人，常是不正確的，不實在的：且這種讚美隨著無德者多於有德者；因為一般人對於美德所知不多；愈是低等的德性愈能引致他們的讚美；中德令他們驚奇與激賞；但最高的品德他們則全無所感無所覺。

R. M. Theobald 在《培根說之莎士比亞研究》(*Shakespeare Studies in Baconian Light*)中談到莎劇所表現有關老百姓的觀點時說：

這確已無必要再提起，一個出身下層社會，縱非屬於小農階層，一生都隸屬於被待以由流浪漢與棄民所組成的階級的人，是那樣絕對必須具備對於一般庶民的同情，卻是全然不見表現在他的筆下。因為莎士比亞（即斯特拉福的莎士巴）有過這樣的寫作，應該被打上暴露家醜的印記——一個道地的 Ham 的苗裔，赤條條地露了他父親的醜。

（諾亞首製葡萄酒，飲得酩酊大醉，赤身裸體酣睡，被其次子 Ham 撞見，Ham 告訴其兄弟而大笑，其兄弟倒行為其父蓋上遮蔽物，其父醒來知其事，遂祝福Ham之兄弟，而詛咒 Ham 之子孫世世為人奴僕云。——譯者）

莎氏戲劇與詩篇顯示其承當者對於紋章學有頗多的智識。《露克蕾絲》第五十四行至七十二行是一例。

紋章學是一門宮廷學問，培根應該頗為熟悉；但斯特拉福的莎士巴，做為一個鄉間市鎮的下層住民，小時對此該一無所知，而在一五九四年，他是沒有機會來通達這門智識的，其時他正當馬夫，或是正當雜役，或正向演員之路上鑽進。

再舉優美的神仙傳說如《仲夏夜之夢》和《暴風雨》來討論。這並不是涉及英國本土的神仙傳說，若是的話，鄉下孩子可從他的母親學到，這乃是涉及法國傳奇故事《波爾多的迂翁》（波爾多是法國西南部的一個港口，迂翁是此法國古詩歌的主人翁之名），涉及法國《古武功歌》，以及這一類法國宮廷文學，關於這些，斯特拉福的莎士巴是幾乎不可能聽得到的，而且也是幾乎不可能讀到的。

莎劇中打獵、馴鷹的智識，被聲稱為斯特拉福的莎士巴這位著作家的所好；但，相反的，卻是培根所好的明證。

莎劇所顯示的智識，並不是屬於偷鹿捉兔這一類為斯特拉福的莎士巴所熟習這方面的；它是屬於貴族智識，引自諸如《高尚的狩獵術》(*The Noble Arte of Venerie or Hunting*)，塔巴維爾(Turbervile)的《佛鑿利之書》(*Book of Faulconrie*)，二書同出版於一五七五年，斯特拉福的莎士巴幾乎絕無機會看到這兩本書；培根則不論在葛蘭堡或在倫敦都有太多機會看到。

哲學家

莎劇顯示其承當者是個哲學家。此人不僅自己思考事物的根由，且是受過高度訓練仔細研究別的哲學家的著作，尤其是希臘、羅馬的哲學著作之研究。

斯特拉福的莎士巴沒有一絲一毫的證據顯示他對哲學有過什麼興趣。

在後文要講到更多有關培根的哲學，這裏我只講莎劇的哲學正和培根的哲學是一致，而莎劇中的若干哲學觀念，卻出現在培根被確認的著作出版之前。

拉丁文和希臘文的學者

一些莎士巴的信徒似乎承認斯特拉福的莎士巴是個古典學者，別的信徒，如 Andrew Lang 則認為不是，而所有存在莎劇中的古典的影響，則可由斯特拉福免費學校的教育，譯本的使用，劇本寫作時間得自當時身在倫敦的為數眾多的古典學者的古典解釋之助來加以說明。

我不認為這較後的觀念能夠多支持片刻。莎劇的承當者的心智是絕對沃飽著古典智識的，這是跟學童在學獲得或自譯本或解釋得益之類大不相同的。

R. M. Theobald 在其《培根說之莎士比亞研究》一書的第十三、四章將此問題做了非常充分的處理。他說：

> 真正的莎士比亞，即莎劇莎詩的真實作者，是個古典學者，其證據是多邊的、廣涉的；假如他的非學者身份被證實了的話，那麼便很難充分說明某些特殊段落的來由了。全部的證據，必須寬闊地廣泛地舉出。這些證據可歸為四個不同的類。
>
> 1. 首先，古典典故的引用不能不被考慮，——好些段落顯明地出自古典作品中的對等段落。這些段落非常之多，而且絕非只限於古典戲劇——它們也並非在戲劇結構中

總是顯得頂必要。這些古典智識的使用並不是能夠用填鴨式的臨時抱佛腳速成式的特殊手段來予以說明。它們是自一個淹博的腹笥中自然地傾出，準備在一切談話時間中散放其財富——十分得以造出披著平素樸實服飾的任何東西——由著其自身文化需要的力量供給古典的裝飾或學識的羽衣。這類古典裝飾，得被認做是這位作家古典學識的基本裝飾指數。

2. 其次，必須承認，古典戲劇在古典智識與風格上，其得自它們的內容的外加表徵，也與其他古典一樣，有著同樣的指數。當然這是有可能的，為了搜集這些戲劇可用的材料，有這麼一個聰明的學生，雖然在古典學識方面並非熟練，他可能從英譯本中努力取得古典資料，而表現出絕頂聰明的專屬運用的智能來。但，這樣的解釋法，畢竟不容易。在掏空了普魯塔克的財寶（著作）之後，予以專屬運用與同化，因而顯得這人熟悉古典的領域——他或許不嫌棄使用譯本以省免時間和麻煩，但也極可能不用譯本，或根本便是不屑一顧。這些古典戲劇中的古典韻味，是不容易被認做用傳授的講解來達到的。

3. 許許多多古典結構的例子是被尋出來了——句子套用文法形式畢竟不能正確地講英語，英語是被要求用拉丁文法來分析或結構的。這樣的文體一個純英語學者是無法被求得的。沒有一個作家，不論他是怎樣博學，除非他熟習於使用拉丁語文，將它做為表達他自己的思想的媒介物，或是博覽拉丁群書，精熟拉丁文學，否則他便無法下筆。

4. 時常使用拉丁語詞這一類的證據一直在越發昇高——或雖是英語語詞（或許甚至非常熟悉本國語詞的使用）卻仍一直不斷地在得自拉丁語詞，而且這位作家因為使用拉丁語詞，而顯示著表達心意時不曾受到限制，且更因而進入更廣闊更多變化的意義之領域，否則必將掉入另一完全不同的，更受限制的，原有的形式之中。這也是不能用任何翻譯的手段來獲致的一個明證。這表示這位作家能夠使用拉丁語，一如是母語，或第二母語般——能用拉丁語文來讀、寫和思想，且能熟習地運用在這全部三種方式上。

R. M. Theobald 做了這些陳述之後，進一步證明了它們，且做了結論性的證明。

這些戲劇和詩篇的承當者一定得是個古典學者，但要相信斯特拉福的莎士巴是古典學者是不可能的。他至多只在小學裏唸了六年書，在十三歲時結束了他可能獲得的古典教育。一個屠夫的助手，並非是研究拉丁文和希臘文的那種人，即使他來到倫敦之後，有任何欲望想增進他的古典學識，他也不能獲得他可藉以學習的書本，因為當時尚無開放的圖書館。

培根是知名的古典學者，且是格雷法學院的會員，可從格雷法學院圖書館中獲得他想要的任何書本。

《威尼斯商人》第四幕第一場審判場景中有個些微奇怪的例，顯示這位莎劇的承當者對於古典的嗜好，夏洛克（威尼斯商人）說：

為什麼有人受不住一頭張開嘴的豬，
有人受不住一頭無害必需的貓，
還有人受不住咿咿唔唔的風笛的聲音；
這些都是毫無充分的理由的。

貓是有用的動物，但卻無人會認為是必需的(necessary)動物——一般語意上的「必需」，一隻無害必需的貓(a harmless necessary cat)，這個片語看來應該是無意義的。但這位劇本的承當者用「必需的」(necessary)這個字眼，卻跟西塞羅(Cicero)用在片語“mors hominus necessarii”中的“necessarii”，意思是相同的：因此“a harmless necessary cat”意思就是“a harmless friendly cat” 或 “a harmless domestic cat”（domestic 含「家的」、「養馴的」的意思）。

法語文和意大利語文的通曉者

莎士巴的信徒們在關於斯特拉福的莎士巴是多種語文的通曉者或不是這個問題上一分為二。那些說他是的人都遇到了我剛在上文說過關於拉丁文和希臘文的同樣困難；亦即，他能夠從何處獲得書本藉以學習或從中獲取他的概念？西德尼・李爵士說他該不曾到過外國；因此，他不可能在歐洲大陸上學習法語或意大利語。

那些主張他不是多種語文通曉者的人說他是從他在旅館裏和旅行時遇見的各色外國人摭拾現代各種語文的智識。這種講法顯有某些個事實。他可能藉著這些管道摭拾到少許的法語和少許的意大利語，但還不足以令他有能力用法語寫一個全場，一如《亨利五世》第三幕，也不足以令他有能力去閱讀 Saluste du Bartas 原書；《維納斯與阿多尼斯》的作者是非這樣不能辦的；因為篇中描寫那匹馬，是一字一字取自原作者的，而直到《維納斯與阿多尼斯》出書之後，還沒有 Du Bartas 的英譯本。

關於劇本的承當者擁有意大利語文智識這一層，奧瑟羅在《奧瑟羅》第三幕第四場裏說：

它是一個二百歲的神巫。
在一陣心血來潮的時候縫就。

在 Ariosto 的 *Orlando Furioso* 一書中，我們發現：

Una donzella della terra d'Ilia,
Ch'avea il furor profetico congiunto
Con studio di gran tempo, e con vigilia
Lo fece di sua mano di tutto punto.

奧瑟羅的話顯然出自 Ariosto 這一段，而這便是重點之所在。當時已有譯本，但只有 Harington 的一個譯本，在這個惟一的譯本裏，並沒有「心血來潮」的字樣。可知《奧瑟羅》的寫作者或改寫者一定得讀 Ariosto 的原意大利文本。

說是斯特拉福的莎士巴有意大利語文的智識，那是不大可能的，而培根則確實有，這話前已說過。只經常在旅館或旅途中便能夠摭拾到足夠的意大利語文，使之有能力讀 Ariosto 的原本，這是不可能的事。

開闊心靈的新教徒

我想這些劇本的承當者是個新教徒乃是無可疑的。他的感情清楚地在於新成立的英國國教而且強烈地不喜歡羅馬的天主教教義。舉個例，《約翰王》第三幕第一場，羅馬教皇的使節潘達爾夫與約翰王之間的爭論，以及《亨利八世》的全部——這本質上是齣新教徒戲劇。但他並不是褊狹的新教徒。他用開玩笑的態度嘲弄清教徒，而許多羅馬天主教教士都被描繪有好行為的好人。

約翰・莎士巴，斯特拉福的莎士巴的父親，是個天主教徒，且是個不服從國教者，因為伊莉莎白朝的容許而不上教堂，因此 Halliwell-Phillipps 認為斯特拉福的莎士巴應該和他的父親持相同的信仰。理查・大衛斯(Richard Davies)一六八五年說，斯特拉福的莎士巴是羅馬天主教徒，Halliwell-Phillipps 認為這一說「不容許再有合理的懷疑」。

培根的家庭在瑪莉女王時代，曾經是羅馬教徒（即天主教徒），而在伊莉莎白女王時代則是新教徒。結果是佛蘭西斯・培根對兩邊在感情上都沒有強烈的偏愛；他是新教徒，卻是一個開闊心靈的新教徒，不是一個像他母親那樣的盲信清教徒。

在給白金漢公爵的信上，他說：

> 首先你得自己正確地確信與安身於英國國教所信奉的真正新教宗教，無疑地國教和世上任何基督教會在教義上是一樣健全而純正的。

在這封信的後段，談起英國國教，他說：

> 敵人那班破壞者都是自稱羅馬天主教徒，一方面，他們的教義，和英國國教所信奉的真實宗教是不一致的，由之我們被稱做新教徒，而另一方面他們便被稱做再洗禮教徒、國教教徒和分離教派教徒。

《約翰王》的第一對開本，我相信是依據較早的戲劇《困頓的約翰王朝》(*The Troublesome Reign of King John*)。這較早的戲劇，我想該是由 Michael Drayton 和 Thomas Dekker 執筆而由培根修訂而成。Drayton 和 Dekker 兩人都是新教徒，原劇包含對羅馬天主教會的惡毒攻擊，而在第一對開本則頗加緩解。Collier 談到第一對開本的承當者時說：

他消除了老劇本中那些勒索的和下流的場景，老劇本對僧侶和修女加以訕笑，揭露他們生活的淫猥放蕩。

第一對開本中所顯示更開闊心靈的視域是培根的手筆乃是顯明的。

莎劇承當者對宗教包容的一例，見於《冬天的故事》第二幕第三場，場中寶琳娜說：

生起火來的人纔是異教徒，
而不是被燒死的人。

這個我宣稱是培根手筆的另一例。

律師

只有受過法律訓練的人纔能給予莎劇的承當者一個評價，認定他必得擁有大量的法律智識。

莎士巴的信徒們慣說斯特拉福的莎士巴是從律師事務所學得他的法律智識。但西德尼・

李爵士卻斷言他不曾待過法律事務所，因此應該另覓其他說法。於是他們說他是從他的父親在斯特拉福關涉到的法律案件，從他本身所關涉的行為，以及從倫敦法庭的聆聽中得來他的法律智識。

這樣的說法實在是好笑的。戲劇中的法律跟任何人能夠從鄉間小鎮上的小法律事件摭拾到的，從生意人無多大意義的行為引得的，從斯特拉福的莎士巴本人所關涉的法律案件——主要是關係債務的，或從信步走入而聆聽倫敦法庭中得來的法律，乃是全然不同其種類的。

培根十九歲起便是法律的學生，且終其一生延續著法律的研究。

法律智識在莎劇中不斷地冒出來；幾乎全在不被預期的狀態下像插圖或夾註一般冒出。法律似是這位作家心靈的一部分，無法擺脫。法律智識題材在莎劇中佔了很大的部分，要我自己來評論總不如引用那些知名的律師所下的評論好。

Campbell 閣下有如下的評論：

> 沒有比門外漢來瞎搞我們這個行業更危險的事了。一個非專業的人，不論他有多尖銳，設使他膽敢談及法律，在討論其他題目時，援引法律學，他很快將掉入可笑的荒謬之中。

Campbell 閣下說這位劇本的承當者有：

> 甚深的法律專業智識。

而且熟悉：

> 某些英國法學最為艱深的推論。只要他耽於這個嗜好，他將一直例示出好法律。如果Eldon 閣下能夠被假定寫了《亨利四世》第二部這一劇；我看不出來他有可能被舉出在寫作中他遺忘了他的任何法律。

Campbell 閣下指出《漢姆列特》第五幕第一場掘墓者那一景，顯示那一景的承當者關於自殺者有個精確的法律智識，一如 Hales 與 Petit 兩人的對論（見一五七八年《普羅登的報告》*Plowden's Reports*）。

要相信斯特拉福的莎士巴曾經讀過這一案的報告是困難的；但做為一個法律顧問讀這個案件該是培根的義務。斯特拉福的莎士巴在倫敦法庭是聽不到 Hales 對 Petit 的辯論的，因為在一五七八年，他是斯特拉福鎮上一個屠夫的助手。

我再舉 Penzance 閣下的意見。

他講起這位作家的

> 不單是英國法律的原理，箴言和格言，即連專門術語也完全熟悉，一個那樣完全的智識，暗示著他的永無不當永無錯誤。

他說：

> 這個完全的法律智識極力用在一切案例來表現他的立意和描繪他的思想，這樣的樣態是全然無前例的。對於他做為老練特達的法律全智識的持有人，他似乎一直對於全盤法律面，有著特別的意與。顯露在戲劇中的這一法律智識與學識，因之與各色各樣頁復一頁展示在戲劇中的其餘智識，是處於全然不同的立腳點上的。每個場面每個細節，作者都要求要有隱喻、微笑或圖繪，他的心思總是一起手便轉向法律。他看來似乎總是用法律的語法來思索，他在描述或說明時，筆端總是落在最常見的法律措辭上。他

手上有個辯論題目時，他定會用法律語言來加以論說，諸如夏洛克（《威尼斯商人》的主角猶太富翁）的合約，那一定是如此，但全部《莎士比亞戲劇》中的法律智識則展現出遠為紛異的樣態：它突出其自己於一切案例上，不論其為合適或不合適，而後與思想的諸種形變混合，從諸種辯論題目上廣闊地紛歧而出。

達到法律原理的完全精熟，且對專門術語與成語的精確練達的使用，不止不動產律師事務所要求達到，就是辯護小庭或國會法庭也都要求要達到，乃至於從事包含經常接觸法律問題和一般法律工作的某些職業，都被要求應全無欠缺。但持續的從事包含著時間的成分，而時間正是兩家戲院的管理者難以支付的。到底莎士比亞（即斯特拉福的莎士巴）的生涯中的那一部分可能被指出其時他廁身在小庭或開業律師的事務所從事法律的工作？

Richard Grant White 說：

莎士比亞（即斯特拉福的莎士巴）在他初到倫敦的日子所寫的早期戲劇中使用他的法律，運用自如，一如較後期的作品一般正確無誤；因為這些用詞的正確與適宜使得一位法院院長和一位大法官不得不加以讚美。

莎劇中被舉出有二百五十處討論到法律，其中二百零一處或多或少地被陳述到，全都見於培根的法律短論中。

莎士巴的信徒們要我們相信斯特拉福的莎士巴的全部法律智識是得自他的父親的自訴或被訴行為，得自他本人關於小額金錢上的債務或信步走入倫敦法庭。這全部的觀念都是荒謬的。

熟悉宮廷生活

莎劇的承當者必須是熟悉宮廷生活的人，這已是明白指說出來的了。斯特拉福的莎士巴如何獲得這份熟悉？不論早年在斯特拉福或早年在倫敦，他是確然不能獲得。莎士巴的信徒們說他是從宮廷內演劇中獲得熟悉宮廷生活的。這樣的說法是不合理的。一個演員不時在宮廷中演出，是不會有機會獲得這個智識的。他的時間全用在舞臺上，他不會有什麼機會和宮廷中的人雜在一起，即使有機會，朝臣們也不像是有什麼事找一個演員來做。

伊莉莎白朝的演員地位不同於今日。他是被卑視如游民之類的，因而在宮廷中不像是會有什麼人要他做什麼事。Halliwell-Phillipps 說：「甚至是劇作家這個行業也甚少被認做有什麼可敬之處。」

依據西德尼・李爵士，直到一五九四年，斯特拉福的莎士巴還不曾在宮中演出。但顯示宮廷生活智識的三部《亨利六世》，至遲在一五九二年已出現；故他從宮廷演劇獲得宮廷生活智識的這一說是立不住腳的。

培根生來便過宮廷生活。父親是掌璽大臣，姨丈是首相柏萊閣下，表姊妹是伊莉莎白的侍女，而他最直接的朋友，有如愛塞克斯、騷參普敦、滂布羅克諸人。

驚人的字彙

一個受普通教育的人的字彙（語彙），據統計大約三千。Max Müller 估計彌爾頓的字彙有八千，而莎士比亞戲劇，二篇詩與一篇十四行詩，總共一萬五千。Craik 教授的估計，莎氏字彙更高，有二萬一千。

我們被要求相信一個鄉下人，他十三歲離開學校，關於他的教育，最晚近的傳記家們也沒能提供具體的事實，這個鄉下人居然有驚人的字彙。這是莎士巴信徒們難以說明的一件事；但他們極力說他是天才，以此克服他們的困難。

所謂天才是什麼意思？

我以為天才是意謂一個人天生有個畸異頭腦，這個頭腦有畸異吸收力，畸異保存力，及就所吸收所保存加以再造的畸異再造力。

有不少人天生有此頭腦，但這些人不會成為天才，除非他們有所吸收，如去研究載籍，或去思考他人的思想。或許有人天生有一個頭腦，合於讓他成為天才，但卻無天生的天才這樣的事。可是我們卻被要求去相信斯特拉福的莎士巴一生下來便有一萬五千的字彙或二萬一千的字彙，這個數目是彌爾頓的二至三倍，受普通教育的人的五至七倍，且有寫作世上曾經有過最優美的英文的能力。這樣一種事，並不是要求我們去相信天才，而是要求我們去相信奇蹟。

培根由於將拉丁語和法語英語化，將巨量的新字導入英語中；它們數以千計，其中的大多數一直存在著，現在已成了日常用語。擯除培根被認知的著作中純法律、科學的專門術語，莎劇中的純俗語、呪詛語等等，培根散文著作中的一般用字，在莎劇也出現97%，這是熱心人士所做調查統計發現的。

G. C. Bompass 說，一個莎士比亞研究者比較培根的《亨利七世本紀》和莎劇《約翰王》，乃發現二著作單是隱喻便共用了二十二個，幾個標語時時在二書上反覆標出，二書中共用了九至十個獨特成語，二書中獨特的或用義非尋常的字有二十個乃至更多；他發現，其實，在該劇第二幕第二場中的二十一個段落和該本紀的三頁一致，於是獲得一個合理的假設結論，就是同一個心靈在兩部著作文件中使用了同樣的字。

格雷法學院的一個年輕律師寫給安東尼・培根一封信，描述佛蘭西斯・培根做為王室高等法院法律顧問首次出席的情形，他說這位最惹人眼目的新任抗辯者是「用非尋常的字眼光耀了他的演說」。他的若干句子對於他的聽者的能力顯得幾乎太過迷濛。這裏我們有了培根初回在法庭的演說，展現一個莎劇承當者的突出特性；亦即，一個驚人的字彙之據有，以及新而獨特的字眼之使用。

設使有那麼一個人可能據有二萬一千或一萬五千的字眼，那麼佛蘭西斯・培根便是一個最可能據有這些字眼的人；但假使受普通教育的人只能有三千字眼，而彌爾頓為八千，我則覺得要任何一個人據有這樣驚人的字彙二萬一千或一萬五千是不太可能的。這令我覺得據此認為培根寫了莎士比亞戲劇是有很大的困難。我一樣可得接著說，假如要認斯特拉福的莎士巴是作者，同一困難也是當下存在著。

如我在前面所陳說，我不相信我們現有的全部莎劇是出於培根一人之手。我相信他是修改了既存的劇本，這些劇本顯然出自若干人之手，他保留了既存大部分的文字，加筆且增加了其他部分，而增入他本人巨量的文字。設若這個看法無誤，那麼莎劇字彙便並非僅僅是培根的字彙，那是培根之外至少還有九位作者的總字彙，因而驚人字彙的困難便不存在了。

莎士巴信徒們的論難，總是這樣說，培根乃是部頭大、卷帙多的作家，假如莎士比亞戲劇再加到他已被確認的著作之上，他的著作的產量便多得太多，非任何一個人所能產生的了；尤有進者，他當律師、顧問、國會議員，以及王的機密近臣，實在太忙了不可能再為戲劇寫作分出任何時間來。

但培根直到一六〇七年，被法律和政治佔用的時間實在很小，這年他四十六歲，被任命為副檢察長。他抱怨不遇，寫信給柏萊，當時他三十五歲，他說：「我這一向只是一個白丁，無由為閣下效犬馬之勞。」他獲得女王的錄用，他說：「她的官屬是一種自由地產。」他陳說他私人研究的工作佔的時間比公眾事務還多。正是這一段年代，直到他四十五歲，他幾乎沒什麼公眾工作，他的時間全用在他所謂的私人研究，而大部分戲劇便出在這一段年代。直到一六〇五年，他的重要哲學著作還未開始出現。這年以前，要算做是他的私人研究和文學鑽研的實事是沒有的。

現在，我們來看看這些私人研究和文學鑽研是什麼？

我相信他是在從事改訂劇本，最後這批劇本在莎士比亞名下推出。

如果培根除了他那些被認知的著作之外，還寫了詩和修訂過戲劇，這並不會讓他成為超卷帙的作家。R. M. Theobald將此事略作如下的處置。

以Spedding編的《培根的生平與著作》(*Bacon's Life and Works*)為基礎，培根被認知的文學產品包含在略多於三千頁之中，而且這還包括他的演說。二十歲時他已是道道地地的學者而六十六歲時物故；依此計算，四十六年間，每年他僅僅寫不到平均七十頁，或每一月寫不到六頁。

如果在二十歲到四十五歲之間他修訂了三十七部莎士比亞戲劇，平均是約每半年一本，而如果自他二十歲到第一對開本出版那一年，則平均每年修訂不到一本戲劇。每年七十頁散文和一本半戲劇，或七十頁散文和一本戲劇，這對於有能力的人並不是不可能的工作，而這全部的文學產品還是少於司各脫(Walter Scott)或布拉頓小姐 (Miss Braddon，著有七十多部恐怖小說)。

培根雇用過一批「好筆」從事某種工作。一五九五年，他從 Twickemham 寫信給其兄安東尼，他說：「我這裏有一、二枝閒筆。……我祈求再送來別的，好讓他們繼續抄出。」

因之，在他忙著改訂或再發行他早前被認知的著作這段期間的近時，他雇用了些閒筆，此事殆無可驚奇之處，但為什麼在一五九五這年需用到他們？直到一六〇五年沒有什麼大部頭哲學著作出現；但在一五九三年至一六〇四年之間產生了二十三部戲劇和兩卷詩。如果這些「好筆」是用來為戲院的演員謄出這些戲劇的抄本，那麼他們的雇用是能理解的。然而不論他們的雇用是怎樣的狀況，他們該會大大減輕多卷帙作家的勞力。

在 Henslowe 的《日記》中，有許多戲劇被提到，其中的一部分，體裁跟莎士比亞的那些戲劇類似，那些類似的戲劇係由當時知名的戲劇作家們合作寫成，如 Thomas Dekker, Henry Chettle, Thomas Heywood, Michael Drayton, Antony Monday, John Webster 和 Thomas Middleton。我相信培根取得這些戲劇而為之加筆點竄，他那奇異的語文功力，轉換了別的人尋常的成語與思想，如魔棒的一觸，成為今日我們所有的絕妙作品。如果他是像這樣的方式來工作，不會佔用他太多時間。他大概不會是從頭創作起；他大概是先有個輪廓來起始，而自此將他的活字眼活成語接枝似地接上去，再附加上他的哲學。一如我在本考釋的別處所說的，這是培根所讚賞的一個寫作圖式。

附錄

莊子新傳：莊周即楊朱定論

引言：緣起

莊周傳記最早者為《史記・老莊列傳》，而楊朱無傳。先秦及秦漢間書言莊周楊朱者皆互出，而未有謂為同一人者。其在中國言莊周楊朱為一人者始於蔡孑民先生。蔡著《中國倫理學史》引日儒久保天隨氏謂楊朱即莊周，其持論二：一、謂楊朱莊周二名古音近，二、謂楊朱莊周思想同類。然蔡著殊乏論證，唐鉞氏為〈楊朱考〉一文駁之，凡難五事，而世更無與蔡氏唱和者，其說遂寢。余十餘年前始治小學，偶悟周、珠同語，因重憶蔡氏說，乃頗留意其餘論。後偶讀日儒武內義雄氏〈莊子〉一文（載《世界思潮》第八冊），則亦引楊莊一人說，乃所引則為另一人，曰本城問亭者，非久保氏也。所引《問亭遺書》持論五：一、謂據《列子》《說苑》二書，楊朱見梁王；據《史記》，莊周與惠王同時，故楊朱與莊周同時。二、謂楊朱與莊周古音近，今之分歧係同名之轉訛。三、謂孟子遊說梁惠王與莊周同時，乃獨闢楊朱而無一言及於莊周，則楊固即莊也。四、謂《莊子・天下篇》有莊無楊，《荀子・王霸篇》有楊無莊；《史記》有莊周傳而無楊朱傳，《漢書・藝文志》錄《莊子》而未錄楊朱書；則先秦秦漢間書二名鮮並出。五、謂楊朱莊周學說相似。則於久保氏二論外有加詳者三焉。余意孟子力闢楊墨，謂其言盈天下，天下不歸楊則歸墨，則其勢盛矣。而彼墨之後，孫詒讓所作《墨學傳授考》蒐先秦書所載凡得三十八人，其學結集《墨子》一書傳世。獨楊於後來學術史更無下文，無傳人，無結集，此於理不可說也；蓋世之學術史無有是例也，則意其在是乎？是以頗然其說，意欲證成之。然獨患莊楊二名之難證耳。夫本城所舉五事，餘四事皆不待證而圓，獨此為最難拼也。苟證得此一事，餘皆翕然從附矣。余固治小學有年矣，然驟觀莊楊二名，聲類近而終有間，是以逡巡依違未敢遽必之。繼思使其事是也；求之必得焉，脫或非實，雖強索且弗獲矣。夫周朱二名，余既得之於前，堅其信心矣，此莊楊二名，則勢在必破。因以暇日，摒諸雜事，潛思而冥索之，終不可得。繼取《廣韻》繙檢，終不可近。又取《集韻》披覽，探其莊紐，嚇！莊紐竟繫一[illegible]字。余因踊躍呼曰：「茲事定矣！茲事定矣！」其後，余因廣搜旁證，則左右逢其源，俯拾皆是。

余之正式主張莊周即楊朱者，厥在五年前，時余於某校始授莊子課。而光陰荏苒，忽焉於茲，余已先成《論語新注》一書，獨於莊無隻字。因思此固為定讞，使與余同晦草野，毋寧公諸通人，使此二千年沈埋遂得大白於天下，則莊楊之復合，其為重理道家思想之入門乎？

引論：本城舉五論之意義

夫論人之世，凡有五事：姓名、年、里、事蹟、思想。今欲論楊莊為同一人，則必證其為同姓名、同年、同里、同事蹟、同思想而後可。本城舉五論，雖未盡五事，要殊得體。茲釋其所以著論之意義。

一、本城據《列子》《說苑》載楊朱見梁王，據《史記》載莊周與梁王同時而定其同時。此言楊莊年代無背於可證其為同一人者；蓋若為同一人，則其生存時間必同代也。此一論發楊朱與莊周二名為同一人之在時間年代上之可能性。有可能性方可置論，否則便無可置論。然此必所據載籍有可據之確實性為先決條件焉乃可也，否則雖多無益。故此所據載籍果有可據之確實性，則所據可以足論。設若無可據之確實性，則此論無異戲論。然則此又有一意義焉：若載籍於楊莊之年代皆無可據之確實性焉，則此同年之一論直可廢，即可不設立也；質言之，則於論楊莊之為同一人時，可不考慮其時間年代問題也。然本城之舉此，則假定其有可據之確實性也。然平心論之，先秦秦漢間群書，於先秦諸子事，所載多無充分之確實性者，則此一時間論證，實可以不必設也。

二、本城據楊朱莊周二名之發音，謂古音近，遂斷其為同音異書。此言姓名同一之可能性。有此可能性方可得而論，否則便無可論者矣。考本城之創為楊莊一人論，蓋始於此。我中華二千年間乃無發為此論者，此論終發於東土，有以也。彼日本音，朱周皆同讀shu，且楊莊協韻，故楊莊一人論，早晚必發於東土也。是以彼土發之者本城外尚有久保氏者，職此耳。此一論，固本題之基本論也。夫先秦人名固多同名異書者。先秦書不同文，則有甚於姓名，秦始之同之，其亟急乎？

三、本城謂孟子遊說梁惠王當與莊周同時，乃獨闢楊朱而無一言及莊周者，蓋楊即莊也。此言孟子好評論時賢，以莊周與同時，不當無評。然孟子言亦不及惠施，故此論但豁出一楊即莊之有利可能性，而不能有充足之效用也。此論本係一最有力論據，乃本城則小用之，余甚憾之。蓋此論之為論據，其重要直不出姓名論證下。引言中已言之矣，蓋以楊墨之盈天下，楊不當獨無後也。論詳本論中。

四、本城據先秦秦漢間書，鮮有楊莊並舉者，而謂楊即莊，此亦豁出楊即莊之可能性來。然可能性與現實性畢竟非一，可能性未得即必之為現實性，此但有無背於論點之價值耳，而乏正面積極意義；第三論亦同此。論亦詳本論中。

五、本城於四論又足以第五論，曰楊莊思想相似；此則為充足條件也。此論亦為一基本論點也。

蓋本城之五論乃正反兩面積極消極地足成其論點者，其為論殊周密；然而不免疏略而欠詳且無動機也。故余別為序次而補苴之，詳論而實證之，遂使懸案為定讞，更無容異議者。具在本論。

本論：莊周即楊朱定論

余之為是論，別為次序論點，未悉依本城氏者。其論點：一曰動機論證，二曰時代論證，三曰姓名論證，四曰載籍論證，五曰籍貫論證，六曰思想論證。

一、動機論證

夫久保本城二氏所舉論點皆乏動機。久保氏之言曰楊朱莊周音近，曰楊莊學說相似。此無動機而亦不足以必楊莊之為一人也。夫學說之相似，道家中〈漢志〉載三十七家，且人姓名有至於全同者，況止於近乎？而本城舉五事，義與久保氏同，並乏動機；無動機之論，是意之也，其於論事乎殆已！蓋二氏之為此論，純係自聲音發，是則為或然論耳，非必然論也；欲為必然論，其惟循夫動機乎！然則夫動機維何？曰引言中已言之矣，其動機具在孟子書。

夫孟子書者，如《論語》之於孔子，乃孟子言行之記錄耳。孔子周遊列國，干七十二君而不遇，蓋欲見之行事為深切著明也。既見道不行，始垂空言，講學說，冀為萬世治本。故《論語》書多載人倫之至道，今語所謂人生哲學倫理學者。蓋惟此乃致治之本，雖百代損益，其立本則在是也。自孔子歿，，七十子各以其性之所近傳孔子學，或處廟堂之上為諸侯師，或在鄉黨之間為人民望，然要無一得繼夫子者；雖曰五百年有名世，時邇未出，實七十子者，才德無一得及孔子者也。及至百年後，而孟子出焉，英氣磅礴，光輝四射，才過於孔子，惟德未逮耳。故孟子後車數十乘，傳食諸侯，則猶孔子干七十君時也。當是之時，秦用商君，楚魏用吳起，齊用孫子田忌，天下方務於合縱連衡，以攻伐為賢，而孟軻乃述唐虞三代之德，是以所如不合，則有似孔子當年矣。是以見道不行，發為言論，弟子各有所記，則今傳孟子書是也。而莫非立天地心，立生民命，為萬世開太平之道耳。其意皆祖述仲尼而申繹之，故唐韓昌黎謂曰：「孔子傳之孟軻，軻之死，不得其傳焉。」夫百家皆非能建人道者，獨孔孟始建人道，故《論》《孟》之書，人道之車載耳。諸子雖眾，皆非得人道之正者，故正道在孔孟。然空言無施，雖切何補？夫群雄方欲闢土地，富國強兵，而一天下，軻之無位，固不得有施焉，則於實事俱無補矣。然其放言高論，期立治道於來世者，是則可得而待者也。故當時孟子之所為，以今語言之，在建立一套完整的人倫哲學耳。此自孔子以來乃人類之正道，其立己也，立人也，立群也，立家也，立國也，立天下也，胥在乎是。故雖世之方戰亂也，猶人身之疾病焉，其治之之道固在是，而其康健之道尤在是也。是以孔孟皆言之甚切，而期之尤切者。故實事雖無可施，而此則所必為者也。雖然，夫諸子眾口，莫不咻咻自為是也，則雖或弗合於是，且有背於是，以壞是者矣。是則不惟當世不可施，其來世亦有不可施者矣。孔子曰：「攻乎異端，斯害也已！」是以孟子辭而闢之也，蓋為來世耳，為立人類之正體耳。孔孟之言，仁義而已矣！此仁義即人類之正體，即人道之正也。夫群雄相侵，爭城以戰，殺人盈城，爭地以戰，殺人盈野，此實事之害仁義者也。然而孔孟皆無如之何矣！為無位也。至其有為邪說以害仁義者，此則非有位也，是以孔孟皆得而闢焉。〈滕文公篇〉曰：「聖王不作，諸侯放恣，處士橫議，楊朱墨翟之言盈天下，天下之言不歸楊則歸墨。楊氏為我，是無君也；墨氏兼愛，是無父也。無父無君，是禽獸也。是邪說誣民，充塞仁義也。仁義充塞，則率獸食人，人將相食。吾為此懼，閑先聖之道，距楊墨，放淫辭，邪說者不得作。作於其心，害於其事；作於其事，害於其政。」則戰國之世，其群雄之為政治的充塞仁義而外，且有為思想的充塞仁義之二大學派在也。此二大學派其勢力範圍之盛，至使儒家偪仄，故孟子懼而闢之，曰：「楊墨之道不息，孔子之道不著。」曰：「能言距楊墨者，聖人之徒也。」故自孔子創儒家，至是儒楊墨鼎足而三，為世顯學（此乃思想之顯學。如韓非言儒墨為世顯學，乃謂政治之顯學也。其義異。），而儒最為長久，楊墨乘之，楊且出墨上，為新興學派，其勢尤過於墨焉，故孟子稱楊先也。然則楊之勢固盛極一時，為當時之最大學派也。夫孟子書者，當時弟子所記，蓋實錄也。其於時事蓋絕無差謬者，是非寓言之屬如莊子書者也。夫諸子書有向壁虛造以騁其意而中其說者，莊子書為最著矣，他如自管子書以下，《商君》《尸子》之屬，皆後人偽托，其不可徵實，固矣！其如孟子書且醇過《論語》，《論語》下部於史事或多紕繆，孟子書自外篇已淘汰者不論，其今本七篇蓋一氣呵成，文雄而事實，自漢已無疑義，而尤大信於趙宋以來；此固讀者之所同識，不待辯而明者也。且孔孟二聖賢固有其人矣，苟欲並孔孟而疑其人，則仁義之學無所屬矣。然則孔孟之不可疑，孟子所闢楊墨之為當時二大學派者，固亦不容疑義者矣。然則楊學之盛且不論，其墨家之盛，清孫詒讓蒐載籍所記，凡得巨擘三十八人，而且學說之結集，有《墨子》一書傳世焉。墨之後事固無疑於孟子之闢之者，則楊其何如哉？孟而闢墨，而墨固是，然則孟而闢楊，楊亦固是乎？其後事亦可以無疑於孟子之闢之者乎？此則事之至足異者也。蓋自孟子書後，諸子書無復楊學之盛勢矣。則詎所闢墨者張而楊者果翕乎？此理之不可直者，蓋愈闢而張，則楊墨當並張矣，其闢而翕，則楊墨當俱翕矣。故其獨楊翕者，必理之有旁歧而事之有岔出者矣。不然假令楊果當世而熄也，則孟子之憂懼豈非徒然哉？夫孟子之亞聖，其智亦遠矣，果如是則匹夫匹婦而不若也。

故苟必欲疑孟子之不智則已矣，其無疑於孟子之大智者，則楊之無後，必有說而後可。乃二千年間，自漢以來而無有一人及於此者，則世之治學者，是皆了了哉！乃今之日儒二氏而疑及楊莊之為一人者，雖近而不中，蓋彼二氏乃自聲音發耳，非能自學術史之承續起也。今因二氏而起題者，乃學術史承續發展之追問耳。是則不可以已已！然則楊之盛於孟子後者，其狀果何如哉？蓋歷覽孟子以後戰國後期之學派也，有儒焉，有墨焉，有道焉，有法焉，有名焉之屬者，皆大學派也。夫儒固無論矣，其不可以為楊也審。墨亦無論焉，其不可以為楊也亦審。法亦無論焉，其不可以為楊也亦審。然則儒墨法之非楊，而楊之後且必在諸大學派之中也，則道乎？名乎？抑在其他乎？是必有所在矣，則無疑者也。蓋孟之後不得無楊也。夫名，出乎墨，今本《墨子》足徵也。然則名之不可以為楊者亦審矣。且名之所為，無為我之說，即不出於墨，其不可以為楊者亦審。然則道如何哉？夫道，秦漢時謂之黃老。黃者，黃帝；老者，老子。自魏晉以來稱老莊。老者，老子；莊者，莊周。黃帝氏，初見於《左氏傳》。《左氏傳》成書戰國時。黃帝之名，實出鄒衍陰陽五行說後也。蓋儒者道堯舜，道者因道黃帝以尚之，則黃自不關道也。老子之名，史遷為作傳，其言模稜。遷之自言曰：「世莫知其然否？」蓋為儒者尊孔子，道者故推老子以尚之，且造為問禮之說焉。則黃老皆無其人，乃道家之偽托耳。苟實有老子者為周藏室史，孔子往問禮，則《論語》中豈得不載？且孟子而好評擊異說也，於老子亦無一言及之。是知道家所杜撰，欲因以抑儒耳。然則莊周者道之祖矣。史遷為傳曰：「用剽剝儒墨。」則莊與儒墨為三，莊正即楊也。且今久保本城二氏謂楊朱莊周音近，其學亦類，則楊之無後者，豈非在是乎！其音近者無論矣，姓名論證中且證其全同焉。其學之類，非類也，同耳。孟子斥楊無君，而今莊書中有「死，無君於上，無臣於下」語，可以相證。世以孟子斥之過，實不過也，其書自言之矣。夫楊固不能無後也，假令莊而非楊也，則必有他大學派為其後耳。然而遍索諸子，無有相當者，則莊不避楊矣。

二、時代論證

引論中已言之矣，秦漢先秦載籍於諸子事未必可信，則於時代一證，本可不必設。然而苟必欲證之，則凡可得之資料皆假定其為可信而徵之矣。今茲則假定其可信而證之。本城之證言曰《說苑》載楊朱見梁王，《史記》載莊周與梁惠王同時，故楊朱莊周果同時。按楊朱見梁王，事在《說苑・政理篇》：

楊朱見梁王，言治天下如運諸掌然。

按此文亦見《列子・楊朱篇》。梁王自是惠王，惠王而下，無足當者。惠王前元十四年，魯宋衛鄭來朝，是惠王霸業已形之時，楊朱之說惠王當在此頃。

又按莊周與梁惠王同時，事在《史記・老莊列傳》：

莊子者，蒙人也。名周，周嘗為漆園吏。與梁惠王齊宣王同時。

據《說苑》《史記》二書，楊莊果同時代也。而《史記》於莊之年代所言尤詳，乃至宣王時。夫楊朱之說惠王而下及於宣王之世，此亦事理之推而順者，則楊莊果同年代也，則此證之無背於楊莊之為同一人者碻矣。雖然，此則約言其年而已也，其於楊莊生存年代之起迄無證焉。余於《史記》《說苑》外，猶有徵焉。乃校其生平，則起迄同耳。是於本城為尤詳矣。夫楊莊年代之本證，不出《史記》《說苑》《列子》，則所徵尠矣，不得過於是矣。❶然則欲求其詳於本證者弗得矣，則求之其友而較量之，其可乎？今試為對照而觀焉。楊之友為季梁者，《列子・力命篇》云：

楊朱之友曰季梁，季梁得疾，十日大漸。

〈仲尼篇〉曰：

季梁之死，楊朱望其門而歌。

莊之友為惠施者，莊子書數數見焉。施之友周，後文有別論。夫列子書，世皆謂托於晉人，雖其書或多採輯舊本之遺文與夫古籍之所載，要非原本，其真偽不可辨。而莊書寓言十九，尤不可信。蓋前文已言之，先秦秦漢書類不足憑信，乃今之論證者，姑假定其為可信耳。然

❶《呂覽・不二篇》定楊朱在陳駢孫臏之間，足為三書佐證。田駢孫臏皆梁惠時人。

則楊而有友季，莊而有友惠矣。今且因其所友以論其年。夫人之相友也，以同年交為常，而忘年交為罕。故今則假定楊季同輩行而年相若，莊惠亦然。則較量季惠，可知楊莊。

先論季。

季梁者，《國策・魏策》云：

魏王欲攻邯鄲，季梁聞之，中道而反，衣焦不申，頭塵不去，而諫梁王。

按魏圍邯鄲在前三五四年，惠王前元十七年。原篇又云：

公孫衍為魏將，與其相田繻不善。季子為衍謂梁王曰……

按《史記・魏世家》載哀（襄）王九年魏相田需死，而公孫衍於五年禦秦走岸門。則〈魏策〉所云，當是襄王五年事，此時季梁尚在。設季梁諫梁王時年三十，此時年七十；設諫梁王時年二十五，此時年六十五。季梁之死當在此後，而楊朱又後季梁死，則朱之年永矣。

論惠施。

惠施者，《呂覽・不屈篇》云：

白圭新與惠子相見也。惠子說之以強。

按《韓非子・內儲說下》謂白圭相魏，蓋此時圭已為魏相當權，故惠施說之。《史記・六國表》載：

梁惠王二十七年，丹封名會。丹，魏大臣也。

《志疑》疑名會二字乃於澮之譌。澮，魏地。丹即白圭名。蓋白圭於魏積功久故封，則圭之相魏恐已出十數年。按梁惠王之霸業形於前元十四年，疑惠施之初遊梁當在此時或以後，而惠施之年當在二十至三十之間，其遊說霸王權相之門，蓋當日青年志士之風尚也。且《呂覽・不屈篇》載：

> 惠子之治魏，當惠王之時，五十戰而二十敗，大將愛子為禽。圍邯鄲三年而弗能取，天下之兵四至。

按邯鄲之圍在惠王前元十七年，以白圭於二十七年受封度之，時相必是白圭也。夫《呂覽》固極力詆誣惠施矣，然使惠施此時未在魏，則雖欲詆之亦不可得，故推知此時惠施已仕魏。施之說圭，下文云：

> 白圭無以應，惠子出，白圭告人曰：「人有取新婦者，婦至，宜安矜，煙視媚行。今惠子遇我尚新，其說我有太甚者。」

以知惠施邯鄲之圍，仕魏尚新耳。惠施之相魏，在惠王前元二十七年，蓋相惠施而封白圭也。故馬陵之敗，召問惠施，事在〈魏策〉。自是至後元十三年逐於張儀，襄王五年使趙。設邯鄲之圍，施年三十，使趙之年當七十，設彼時二十五，此時當六十五。施之使趙，不得出七十，意當在六十許也。故邯戰之圍，施年二十五為近。自襄王五年之後，施之事不復有記載，意不數年乃謝世矣。〈魏世家〉云：

哀（襄）王九年，魏相田需死，楚害張儀犀首薛公。楚相昭魚謂蘇代曰：「田需死，吾恐張儀犀首薛公有一人相魏者也。」

夫以施之為梁故相而獨弗之及，疑施此時已物故。而莊周後死，〈徐無鬼篇〉載送葬過惠施墓當宋元君時。宋元君為君當國，當在魏襄王二十年時（據錢賓四先生《先秦諸子繫年》），則莊周，惠施卒後踰十年尚在也。前考季梁，襄王五年尚在，且年當在六七十之間，則與惠施相若也，而楊朱歌其死，是則楊莊之年之起迄，可謂齊矣。❷

蓋先秦諸子之生卒年多無可考者，以孟子之亞聖猶無考，而況楊朱之見斥於儒者乎？今因季惠而得其大概，可謂詳矣！其無疑義矣！雖然，此則猶有疑者，楊之友季，而莊友惠，其弗相交而終判焉者，何哉？使楊莊為一人，則季惠皆當並友楊莊矣。今不相友，是則有說

❷《列子・楊朱篇》載禽子問楊朱去一毛濟一世事。禽子當是墨翟弟子禽滑釐。此之問答一見知其本孟子語「楊子取為我，拔一毛而利天下不為也。墨子兼愛，摩頂放踵利天下為之」而為戲劇化耳。蓋以墨者與楊者相反對，故直設墨子高足禽子親與楊朱問答焉爾。則禽子問楊朱不必為事實也。故此之所載，不足以定楊朱年代。

乎？曰有。淮南王書〈齊俗訓〉曰：

　　惠子從車百乘，以過孟諸，莊子見之，棄其餘魚。

蓋莊周者（即楊朱）亦嘗有意用世於少壯時矣。故楊朱嘗見梁王欲因以治天下也。及其壯年已過，乃索然無復有味於此矣。此亦即其創立道家學說之始時也。乃惠施者，利祿之徒耳。故久仕梁，老而見逐，自楚至宋，復返於魏。夫莊周寧曳尾塗中，豈與為伍哉？故莊之友惠，少壯時容有之，及後，各以性往，終身不復合矣。然以余度之，莊惠殆自少而未嘗相友也。乃莊子書中獨以施與周耦而數出者，蓋欲以施顯周也。夫以施之顯周，猶以孔顯老也，皆道家作者之故技耳。惠施者，〈天下篇〉云：

　　惠施多方，其書五車。惠施日以其知與人辯，辯者以此與惠施相應，終身無窮。惠施之口談，自以為最賢，曰天地其壯乎？

則顯莊無如惠矣。故莊子書施數與周搭檔登場，施數為丑，而周恆為生也。莊周之送葬，過惠施墓，事或有之，至言無復有質，則道家作者之故設也。故知惠之友莊，乃道家作者藉惠以顯莊，則可無異乎楊之無友惠矣。然則莊而未嘗有友季者，莊既專耦於惠，是不可得而復耦季矣。且季固不足以顯莊也。且莊書之作者未必知有莊之友季者，即知之而惡於孟子之見斥也，既改楊朱為莊周矣，則季梁之友，遂滅跡不道矣。故季梁之不耦於莊書中，不足異

也。❸

楊莊之學術史論證（動機論證）及時代論證，既論證如上而無不合者，且看姓名論證。讀者諸君，其有不首肯者，吾弗信之矣！

三、姓名論證

先秦書不同文，同名異書者多矣。如皐陶或作咎繇，湯骨文作唐，相土或作乘杜。如此異名，苟非好學深思之士，鮮不誤為二人者矣。夫楊莊本係一人而誤為二人者，自戰國末葉已然，無論秦漢魏晉以來。桓次公漢人也，所著《鹽鐵論》管仲盡作筦。自漢猶然，況在先秦乎?是故非有好學深思之誠，乃一睹異名而必謂為二人者，豈非殆哉?蓋自戰國末葉，學者皆不識楊莊為一人，是皆非好學深思之士也。其如史遷為良史尚矣，遷詎未嘗讀孟子書耶?知楊墨之盈天下而獨不為楊墨作傳，知定莊周在梁惠齊宣之世，曰用剽剝儒墨，乃終不悟莊周即楊朱也。遷之為《史記》用力勤矣，然而深思則未也。故苟必謂異名必異人者，則荀況

❸ 《莊子・徐無鬼篇》：「儒墨楊秉。」秉疑即季誤;季，季梁也。楊季友。《荀子・成相篇》：「慎墨季惠。」季梁惠施同時仕魏也。《莊子・則陽篇》：「魏瑩與田侯牟約，田侯牟背之。魏瑩怒，將使人刺之。犀首聞而恥之，季子聞而恥之，華子聞而醜之，惠子聞之而見戴晉人。」季子為季梁矣。則莊書中非無季梁也，第毋與莊周耦耳。

與孫卿可謂二人乎?今且證楊朱之為莊周，猶荀況之為孫卿也（況卿同音，前人無達者）。

先證姓：

夫楊莊二字之為同部固矣，此不待證而自明者也，第其聲有間耳。引言中已言之矣，《集韻》莊紐係一櫨字。櫨有二讀：一讀莊，一讀陽。此則不問其聲有間否，莊楊為同聲類矣。聲韻並同，則楊之為莊，實證在，不容異議焉。即必欲言其聲韻也，今《廣韻》雖中古音，且足以證。試取諧聲字證之。其陽韻陽紐有楊羊徉，牆紐有佯戕牂，唐韻臧紐有匨戕样。如此足為旁證。且漢明帝初名陽，後更名莊，豈無以哉?故《人名表》避莊周曰嚴周，蓋意避，非音避也，夫楊莊之為一音，已詳於上，然而此尤有進者，讀者諸君其毋咋舌來!

《楚辭・天問篇》：「梅伯受醢，箕子詳狂。」

《荀子・堯問篇》：「接輿避世，箕子佯狂。」

《戰國策・秦策》：「箕子接輿，漆身陽狂。」

君等意此之詳佯陽為何如字哉?審楊之為莊也，此豈非裝耶?洵大快人心哉!如是之考證也。蓋今人曰假裝曰裝痲，古無裝字，故假諸字為之。夫此之詳佯陽自漢以來皆讀羊，其幸有此之考證也，可以改讀裝矣；否則其羊終古乎!楊莊一音，其證如上，則豈飾心服口類乎?

次證名：

楊名朱，莊名周，朱周亦一音如其姓者。朱，株之本字，木身也，今語所謂樹幹也。故在木从木作株，在玉从玉作珠；株珠皆周也。周天三百六十度，周者珠也，天體如珠體耳。蓋周為語根，株珠俱從此出焉。《初學記》引《風俗通》曰：「呼雞曰朱朱。」《說文》作喌，博物志作祝——此則胡漢語矣，失其入聲。州之或字渚，學者不識，以為小者曰渚，大者曰州。州者水中島耳，島之一音亦自州來。乃水中之水島則曰濤，濤亦自州來；島亦作嶹。莊子書南榮趎，《漢書・人名表》作南榮疇。滿住，建州女真之貴稱也，今譌作滿洲。今臺語呼雞亦曰朱朱；朱朱者，喌喌也。今臺語目珠曰目睭。《廣韻》裯趎同紐。《史記・楚世家》曰：「陸終生子六人，五曰曹姓。」《集解》曰：「世本曰：『曹姓者，邾是也。』」今有複語曰週遭；週即遭，遭即週，本一語耳。《說文解字詁林》裯字引惠棟曰：「裯讀若侏，古周朱同音。」（二上八十三頁）

則楊朱莊周果同音也，姓同名同，是則謂楊莊一人，果非虛語也。果即虛語也，雖證之不成。假令欲證孔丘為孟軻，可得乎？不可得也。欲證墨翟為宋牼，可得乎？不可得也。何則？蓋事不合理不順也。故事不合理不順，雖加十惠施百公孫龍，即辯亦不得證矣。苟事之既合，理之既順，雖齊東野人輕為之證焉。今楊朱莊周姓名之證若是，是事之至合而理之至順者也，雖欲異議，自關其口矣。吾固曰天下盡關口矣！

然則楊朱莊周二名，何者為正乎？曰楊朱正。何以知之？曰孟子書多載古人及時人姓名，類無異他書所載者；其有異他書者，其書多出孟子書後。如成覸《史記》《淮南》並作成荊，《漢書》作成慶，諸書後出，當以孟子書為正。至如宋牼，孟子親接於石丘，自不當有誤，乃後之書，自《荀》《莊》以下，或作宋鈃，或作宋榮，則後書之於前人姓名之書誤者可見一斑矣。其如白圭公孫衍張儀周霄匡章等名皆見《國策》，而墨翟之名於後世無相左，則楊朱之名安得有誤乎？且夫以楊墨之盈天下，是知之審甚矣。知之審甚，是無得誤矣！故知楊朱之名正也。然則莊周之名奈何？前文已言之矣，蓋楊朱之徒之惡孟子之斥之也，故改之耳；改之而音同也。夫以孟子之亞聖，自一世之雄也，其見斥孟子，不啻貶之也。孟子之闢之也，曰無君，曰是禽獸也。且楊徒固欲神其師矣，則孟子之言害之矣，害之故避之，避之故改書曰莊周云。夫墨翟亦同闢於孟子矣，而墨徒不以為意，墨徒無神其師也，墨者重在行事。且莊書固寓言十九，改之宜矣。故自後楊莊為二名，世皆為所蒙焉。詳下文載籍論證。

四、載籍論證

本城之論此，曰莊子書〈天下篇〉有莊無楊，《荀子・王霸篇》有楊無莊，曰《史記》有莊傳無楊傳；曰〈漢志〉有莊書無楊書云云。蓋謂秦漢時載籍楊莊二名鮮並出也。今試詳論之。

夫謂莊書〈天下篇〉有莊無楊，是莊即楊者，是矣；乃謂荀書〈王霸篇〉有楊而無莊，謂楊即莊者，非矣。蓋〈天下篇〉者比論學術之文也，乃〈王霸篇〉則但曰：「楊朱哭衢涂。」此非比論學術之文也。故此論不得成立。其云《史記》無楊傳，意莊傳即楊傳，無論史公知否，莊即楊已！此論得以成立。然楊墨並雄，墨亦無傳，則《史記》中當索何人傳以當之乎？墨之傳止附於孟荀二十四字，顯係後人增附。故史公無為墨傳者與楊同。蓋史公時楊已為莊奪，而墨學亦已寢，故皆不為傳，非史公不知有楊墨也。然史公之不知楊即莊則可知者，假令史公知之，莊傳中必道之矣。然則史公之不知楊莊為一人而有莊傳，則莊傳可以為楊傳，可以為非楊傳。其可以為楊傳者，苟誠證得楊即莊，莊即楊者，則莊傳自為楊傳也。苟誠非能證得楊即莊，莊即楊者，則莊傳自為莊傳，非楊傳也。故史公之傳莊，止存資料耳，其於楊莊為一人與否不得為證也。即《史記》中亦有楊傳，則亦未得為楊莊為二人證。蓋楊莊之為一人抑二人，非決於史公筆者，所決止在事實耳。至如〈漢志〉有莊書無楊書，此則足為力證。蓋楊即莊，楊之文字即莊之文字，則盡在《莊子》一書中，何由復得一《楊子》書乎？苟楊莊為二人，以楊墨之並雄天下也，〈漢志〉有《墨子》書，此豈得獨無？是則楊盡在莊，莊即楊也明矣。夫《史記》之無楊傳可以有說也，獨此必不可以有說也。不可以有說，則事之有岔出，理之有旁歧者矣，則舍楊即莊外，無以說之矣。舍此而外無以說，則此為事實矣。

本城之為此論，其力萬鈞，足以成其說。即此，世便無敢攖者，無能攖者。無攖，則此之說決矣。蓋〈漢志〉錄道家凡三十七家，如《文子》九篇，《蜎子》十三篇，《列子》八篇，《老成子》十八篇，《長盧子》九篇，《王狄子》一篇，《公子牟》四篇，《田子》二十五篇，《黔婁子》四篇，《宮孫子》二篇，《鶡冠子》一篇等。此人名皆出楊朱下，甚者史傳諸書不見姓名，而亦有集行世，乃楊朱之盛名而獨無隻字者，豈理之常，事之實乎？此雖匹夫匹婦弗信之矣。故吾曰本城之為此論也，世莫之攖焉。且〈天下篇〉歷述諸子，墨子與焉，而亦無楊。〈天下篇〉疑出淮南王門下，此時已不復知楊莊為一人，其歷述諸子而楊不與者，蓋楊盡在莊，雖欲索楊書而述之，不可得也。故〈天下篇〉於諸子間獨不得楊，非楊不足述也，蓋不得述也。夫〈天下篇〉之作者豈未嘗讀孟子書哉？雖讀孟子書，求楊之書不可得，則不可以為評矣。夫〈天下篇〉所述諸子，自墨至惠，凡六家。墨與楊，自孟子並雄天下，而楊不與。墨之徒禽滑釐，名豈出楊朱上？而亦有與焉。其如苦獲已齒鄧陵子，豈足與楊朱齒，楊蓋共其祖墨翟並稱，乃此而亦與焉，而楊不與。他如宋鈃，孟子遇之石丘，名固在楊朱下；而尹文尤不及楊朱；又如彭蒙田駢慎到關尹老聃，名皆出楊朱下，甚者子虛烏有如老聃而皆有與焉，而楊獨不與。苟楊而非莊，莊而非楊，吾弗知之矣！天下無理矣！則凡一切事皆不得明矣！苟世且有弗此之信者，吾且謂此為非理性之世界矣！世既非理性，則並孔孟而弗信其人其說亦可也。本城之舉此二事，足以推倒一切，而余尚有他事可舉者三：一《荀子・非十二子篇》，一《解蔽篇》，一《呂覽・不二篇》。〈非十二子篇〉凡非先秦諸子十二，曰它囂，曰魏牟，曰陳仲，曰史鰌，曰墨翟，曰宋鈃，曰慎到，曰田駢，曰惠施，曰鄧析，曰子思，曰孟子。此篇疑出西漢，西漢時黃老大行，故所非獨不及老莊。然則此篇作者亦弗知楊莊原為一人也。夫墨翟宋鈃陳仲皆見孟子書，宋鈃陳仲名不及楊朱且不得免，乃楊朱名與墨翟齊，竟得免者何哉？夫此篇所非，上及史鰌，史鰌春秋時人也，而諸子墨翟外，餘皆遠出楊朱下，而楊朱弗之及，則豈非楊盡在莊，作者弗得其書而非之也。此篇足為〈漢志〉注腳。〈解蔽篇〉舉所蔽凡六子，墨子宋子慎子申子惠子莊子。以楊墨勢敵，自宋子至惠子皆不足與抗衡，而諸子及之，獨不及楊子，則豈非楊即莊，楊書盡在莊書，弗得而評之乎？此亦足為〈漢志〉注腳。《呂覽・不二篇》歷述諸子，自老聃孔子墨翟關尹列子陳駢陽朱孫臏王廖兒良凡十子，有楊而無莊。莊豈不足述者？莊即楊也。此足以實〈王霸篇〉共〈天下篇〉對。

夫楊莊一人，時代論證及姓名論證皆證而實之矣，此復得相證焉，則楊莊一人誠無疑義矣。其更看後二論證。

夫載籍之於楊莊事論之如上矣，乃此則猶有一事，或不能無疑，因附說之如後。

議者或曰楊莊之為一人，〈天下〉〈非十二子〉〈解蔽〉《史記》〈漢志〉俱論證無難矣。

獨莊子書而亦攻墨並楊，如〈駢拇〉〈胠篋〉諸篇曰：「鉗楊墨之口。」果莊即楊，豈自攻哉？人無自攻者，則莊與楊為二矣！其有說乎？曰君獨不見夫書乎？〈駢拇篇〉不云：「駢於辯者，纍瓦結繩竄句，遊心於堅白同異之間，而敝跬譽無用之言，非乎？而楊墨是已！」是彼所攻者謂其辯也，謂其遊心堅白同異無用之言也。夫辯堅白同異，惠施公孫龍別墨輩事也。若夫墨者，在行事耳；楊者在為我，拔一毛利天下且不為，彼肯費精神，耗氣力，逐物不返，害生損己以與人敝跬譽無用之言哉？辯非墨也，而今附之墨；辯非楊也，而莊書以為楊。蓋莊書非出一手一時，此第其後出耳。蓋〈內篇〉止言儒墨，惟〈外雜篇〉乃言楊墨也。錢賓四先生曰：「莊子衡量並世學術，備見於〈內篇齊物論〉，獨稱儒墨，不言楊墨也。」此言是也。〈內篇〉文視〈外雜篇〉為古，或出莊子及門，故與儒墨為觭角，及至〈外雜篇〉，多成於秦漢之際，則不復知當時學術情勢。且其人兼儒道，習於孟子書之斥楊墨也而亦斥之。夫孟子之斥楊墨也自倫理立場斥之，故謂其無父無君。此不知，徒見孟子書謂曰：「楊墨之言盈天下。」彼見「言」之一字，而不識孟子維護倫體之意，遂以為辯者而斥之，是疏於事實，違之遠矣。（果楊墨為辯者，孟子弗之斥矣，蓋辯者無害倫體也。）且作者生於後世，已不知楊莊為一人，因襲孟子故事，亦欲以斥楊墨為正宗，淺哉斯人！故莊子書之攻楊墨非自攻也，彼不知楊之即莊，直效孟子口脗耳。是以〈外雜篇〉之見楊墨，未足以二楊莊也。

蓋循楊莊之為一人而論證之，莊書之寫作乃明，而諸書亦並明矣。楊果即莊，莊果即楊也。

五、籍貫論證

先秦諸子年里多不詳，其鄉里尤皆出後世注釋家臆測，不足憑信。今茲之論證，自無意義，乃徒據注釋家言姑為之證耳。

楊朱事諸書所載尠矣，其里籍無考也。然成玄英疏〈駢拇篇〉曰：

> 楊者，姓楊，名朱，字子居，宋人也。

則楊朱宋人也。成或有本，或無本，不可知也。莊書猶有陽子陽子居者，學者或謂即楊朱，然成疏〈山木篇〉曰：

> 姓陽，名朱，字子居，秦人也。

則楊朱秦人也。使楊朱陽子居果為一人，以一人而注一書，不當前後相違異，意成疏或以陽子居別為一人耳。夫成之疏《莊》，豈《孟子》《呂覽》《說苑》《列子》之未嘗寓目耶？彼審知楊朱梁惠王時人矣。然則此之陽子居而見老聃，聃同書與孔子並世而長其行也，則成疏之於楊陽二子，不得一之矣。其謂陽子秦人，或有本，或無本，不可知也。要楊陽之為非一人則可知者，而其繫楊也曰宋人，是楊朱宋人也。

莊周里籍，史遷為傳曰：

> 莊子者，姓莊名周，蒙人也。

未言蒙為何地，後世注家多有歧說。《釋文・敘錄》曰：

> 莊子者，姓莊名周，梁國蒙人也。六國時，為梁漆園吏。

則以蒙屬梁，謂莊周梁人也。然劉向《別錄》云：

> 宋之蒙人也。

則以莊周為宋人。〈漢志〉自注云：

> 名周，宋人。

亦以莊周為宋人。《呂覽・必己篇》高誘注曰：

> 莊子名周，宋之蒙人也。

則高誘亦以為宋人。余按蒙本宋地，後入梁。莊周生年，宋未亡，蒙未入梁，《釋文》誤矣。然則莊周固宋人也。

蓋先秦諸子年里多無可考者，此之所得，大過望矣。楊莊一人，信不虛也。

六、思想論證

本城謂楊莊思想相似。謂相似者，假設言之也，苟證而實之，可言相等。夫莊之思想類知之矣，楊之思想知之者少。楊書盡在莊，今所傳諸書所載尠矣，故讀者類未能詳也。且如孟子書所載為我拔一毛利天下不為，義至明，而世皆莫能曉。偽《列子・楊朱篇》全據孟子語而衍之，乃謬於孟子之意遠，至成快樂主義縱欲主義之個人主義焉。其言曰：

可在樂生，可在逸身。

不治世故，放意所好。

智之所貴，存我為貴。

乃貶舜禹周孔以為天人之窮毒憂苦危懼遑遽者也，而褒桀紂以為天民之逸蕩放縱者也。則於楊朱思想無相及矣。蓋以偽〈楊朱篇〉之作者，彼浸淫於孟子之言必有年矣，乃久久而發為文字，而卒以左，況常人之不為深思力索者，安得楊朱本意哉？故謂世無知楊朱者可也，然則世果無知楊朱者乎？曰有之，《淮南》是也。《淮南子・氾論訓》曰：

全性保真，不以物累形，楊子之所立也，而孟子非之。

世惟此言為知孟子而識楊朱也。故欲治楊朱思想，今本《列子・楊朱篇》不足取也。蓋莊之思想人人類能道者，楊則罕，故先明楊以比照於莊，則楊莊思想之相等可明矣。

余蓋嘗為語體文以闡楊而較莊焉，其文活，今雖改寫，未必過之，故悉存其舊而迻於是：

楊朱名下的學說及行事資料，除了《列子・楊朱篇》，散見於諸子書中。但為數甚少，全部蒐輯，僅得九條：

1.楊子取為我，拔一毛而利天下不為也。（《孟子・盡心篇》）

2.陽（或作楊）生（或作朱）貴己。（《呂覽・不二篇》）

3.全性保真，不以物累形，楊子之所立也。（《淮南子・氾論訓》）

4.楊朱哭衢涂，曰：「此過舉蹞步而覺跌千里者夫！」（《荀子・王霸篇》，亦見《淮南子》《列子》）

5.楊朱之弟布，衣素衣而出。天雨，解素衣衣緇衣而反。其狗不知而吠之。楊布怒，將擊之。楊朱曰：「子毋擊也！子亦猶是。曩者使女狗白而往，黑而來，子豈能無怪哉？」（《韓非子・說林篇》）

6.楊子過於宋東之逆旅。有妾二人，其惡者貴，其美者賤。楊子問其故。逆旅之父答曰：「美者自美，吾不知其美也；惡者自惡，吾不知其惡也。」楊子謂弟子曰：「行賢而去自賢之心，焉往而不美？」（《韓非子・說林篇》，亦見《莊子》）

7.楊朱見梁王，言治天下如運諸掌然。梁王曰：「先生有一妻一妾不能治，三畝之園不能芸。」（《說苑・政理篇》，亦見《列子》）

8.楊子曰：「事之可以之貧可以之富者，其傷行者也。事之可以之生可以之死者，其傷勇者也。」僕子曰：「楊子智而不知命，故其智多疑。」（《說苑・權謀篇》）

9.季梁之死，楊朱望其門而歌。《列子・仲尼篇》

上面所得資料共九條，1、2、3及8的後半是對楊朱的評述，4、5、6、7、8的前半及9是楊朱的故事及其言語。一代大思想家只剩這僅有的九條，實在也太寥落太淒涼了。若非楊朱便是莊周，天地間再沒有比楊朱更悲哀的人了。但也正為莊周便是楊朱，只這九條才不足驚怪。

從這九條看，在倫理上政治上，楊朱是個人主義者(1)，這不難看出他是儒墨的反動，戰國時代軍國主義的反動；而其對儒墨的反動，主要還是由於對軍國主義的反動。這可以意推之：那時的各國君主，不惜犧牲人民的生命財產，以逞其野心；楊朱看不慣，當然要出來提醒大家；而在他個人，為那些無謂的君主拔一毛他都不肯。這個態度非常明白可以了解，彷佛便呈現在二十世紀的我們面前。他反對軍國主義，為什麼對儒墨起了反動呢？儒家的一套是倫理，也就是社會秩序。人套在社會秩序中並非不可以，但若這秩序正好方便了統治者的話，便很不足取了。我們猜楊朱對儒家的反動要比對墨家更厲害，無怪孟子先闢他。墨家喊兼愛，而實際上君主官吏們先就對民沒有愛，你在底下喊兼愛才是傻瓜呢！墨家兼愛說是常識層從功利上說的，本來就無多大根據，不成哲學，用不到去理它；但是就為墨家摩頂放踵，才惹他一毛不拔。

在哲學上，楊朱是存在主義者（2、3）。他這方面的態度，若不是二十世紀出了存在主義，真無法歸類。存在主義迄無一個簡單明白的定義。我今下個定義：凡從哲學層面上去把握「人」的思想，便是人文主義；這是針對「非人」的態度。所謂非人，包括神和禽獸。凡從哲學層面上去把握「自我」的思想，便是存在主義；這是針對「人」的態度，「人」對於「我」或「自我」只不過是個抽象的概念而已。沙特說存在主義即是人文主義。沙特本人是否真有這份自覺，還是個問題，但是他這話卻沒說錯。存在主義是人文主義的內圈思想。西方從神解放出來，發現了「人」，然後又發現了「我」。這是必然之勢，不過比中國卻晚了兩千年。儒家一開頭便發現了「人」，楊朱接著便發現了「我」。必然如此，中間沒有儒家便不會有楊朱。自我之哲學的把握，「全性保真，不以物累形」九字盡之；說「貴己」是常識層面所看的形態。「全性保真」就是把握主體性，是正面積極地把握；「不以物累形」仍是把握主體性，是反面消極地把握。正反兼到，非常周密，自我之把握無過於此。但是哲學思想尋到自我，可說尋到了根。人類自原始以來，開眼先看到外邊世界，要經過許久才會看到自己。人類也許會追問世界的來歷，世界即便是突如其來，也不會有多大打擊，它照樣覆幬你，承載你。但是追問到自我，自我是突如其來時，人就受不了。因為「我」字挾在生與死的兩端間，而這條線段太短，前空後空，且只准直走，不能倒退，也不許往復。世界是突如其來卻健在，「我」卻不健在。我們看今日存在主義說絕望，說不安，說死亡，正是尋求自我見到了自我的處境。故楊朱臨衢塗而痛哭(4)，這不單是文人的多愁善感，那實在是他把握自我所見到的空虛。這一層他把握自我已達到自我的核心，換成儒家便不會掉一滴眼淚。儒家把握「人」，人和世界一樣健在，線段一樣地長。我們這裏提前說莊周（那大結集的主旨）。換成莊周會是怎樣？莊周會哈哈大笑，不僅是不哭，反而是笑了。莊周以洒脫出名，不論是什麼樣的事，莫想賺他一滴眼淚。但是問你他為什麼要洒脫，他無端學成洒脫的嗎？哭和笑本就難分，在大眾面前跌倒了，是該哭，卻裝笑了。那麼莊周（即莊子書整部）莫非是從楊朱身上過來的？一點兒不錯，正是思想的演變。人類必須自己想法兒醫治自己。一部《莊子》於是展開了一整套形上大架構。但是說實在的，正是開出了楊朱「死病」（齊克果的書名，也是存在主義所患的病名）的對症藥方，當然還包含了整套楊朱「自我」的架構在內。

因為他「不以物累形」，他要把握主體性，不願意讓外在的事物加在身上。因此他對於人生——生事莫非一套價值——不抱價值觀念，不下價值判斷。他存兩可兩行，拿現代的話說，他抱相對觀（5、6）。黑白美醜都是外在事物自己的屬性，與我無關，我至多只能下認識判斷而已。若硬說要下價值判斷，則只有一個真字，一個本然，一副本來面目而已。也許人世真有道德價值，真有審美價值，真有實用價值，但這樣的價值掛搭不上純粹主體性的上面來，更可以說，那是純粹主體性喪失的產物。因此他告訴學生，人世縱都喪失了自我，不能不有道德的審美的及實用的價值判斷，但是若將這些判斷從意識上除去，使歸於本然，這要好些。

像他這樣的一個人，落在在他看來是不幸的既已喪失了自我的人世，他什麼也不能做，他顯得不僅無為，還且是無能（7梁王的批評），因為他不願意出賣自我。然而人生生事他能不理嗎？當然他也不能不理，不過，那是降到最低限度罷了。只要你有個身體，你就被地心引力牽引著，一舉手一投足你都受到了那引力的「累」。這是無可奈何的事。但這是自然的牽累，與生而俱，你可以對它生氣、咆哮，也可以不生氣不咆哮。若是你自己出賣自己，或是別人牽累你，那才是喪失自我，才是真正的悲哀。在你自己能力可以不使受牽累的限度內，你則不該讓自己受牽累，喪失你的自我。然而他真的就沒有一點點兒本性的衝突，發出一點點兒愛，一點點兒熱情嗎？譬如他見梁王言治天下，分明不是沈不住他那自我了嗎？這一則話，許是楊朱早年的故事，那時他那主體性哲學還未形成。若是其主體性哲學已形成之後，像這種浮在顯意識上的自我牽累，他是不會做的。這裏特地點出顯意識來，是說在把握主體性上，若是通過顯意識，一切牽累都會被拒斥排除。但如在潛意識，則依本能行事，則無所謂主體性不主體性，因此無所謂喪失自我。如楊朱或和其兒子一起遇賊，楊朱會為其兒子犧牲生命。這不僅是本能，還且不關主體性。因為此時楊朱獻出的是生命，不是主體性。故楊朱一樣可以對人群或一切事物有一份愛，一份熱情。只是此愛此熱情，必須發自本性或本能，而在意識上必須是潛意識，否則一浮到顯意識，他自己便受不了，便不幹了。故道家主自然，主真，便是這個意思。由此對於那些在顯意識上有兩面可能的，可以貧可以富，或可以生可以死的事，他是不幹的(8)。僕子批評他「智」，便是這顯意識。故說他多疑，不像儒家能直承天命，有不動搖的信仰和信心。這裏的差別就在儒家要做一個人，而道家要做一個我。這個我便是道家整個哲學的根，從此展開，後來達到其極高的境界。

夫楊朱思想剖析如上矣，其與莊子書所載有以異乎？無以異也。蓋莊子書，讀者類能詳也，今不具論。雖然，茲則略舉莊書中與楊朱事同者，為比照之，而楊莊之為一人益明焉。

楊朱	莊周
1. 拔一毛而利天下不為。《孟子・盡心篇》	1. 孰弊弊焉以天下為事。〈逍遙遊篇〉 吾將曳尾於塗中。〈秋水篇〉 夫魏直為我累耳。〈田子方篇〉

	兩臂重於天下。〈讓王篇〉
2.陽生貴己。《呂覽・不二篇》	2.行名失己，非士也。〈大宗師篇〉 不以物易己。〈庚桑楚篇〉 不以事害己。〈盜跖篇〉
3.全性保真，不以物累形。《淮南子・氾論訓》。	3.常因自然不益生。〈德充符篇〉 彼又惡能憒憒然為世俗之禮，以觀眾人之耳目哉？〈大宗師篇〉 天下莫不以物易其性矣。〈駢拇篇〉 任其性命之情而已矣。〈駢拇篇〉 從容無為。〈在宥篇〉 莫之為而常自然。〈繕性篇〉 反其性情而復其初。〈繕性篇〉

4. 楊朱哭衢涂。《荀子・王霸篇》

棄世則無累。〈達生篇〉

物固相累。〈山木篇〉

見利而忘其真。〈山木篇〉

其為人也真。〈田子方篇〉

皆囿於物者也。〈庚桑楚篇〉

危身棄生以殉物。〈讓王篇〉

雖富貴不以養傷身，雖貧賤不以利累形。〈讓王篇〉

夫免乎外內之刑者，唯真人能之。〈列禦寇篇〉

4. 一受其成形，不亡以待盡，與物相刃相靡，其行盡如馳而莫之能止，不亦悲乎！

	終身役役而不見其成功，薾然疲役而不知其所歸，可不哀邪？（〈齊物論篇〉） 吾終身與汝交一臂而失之，可不哀與？（〈田子方篇〉） 哀樂之來，吾不能禦，其去弗能止，悲夫！世人直物逆旅耳！（〈田子方篇〉） 馳其形性，潛之萬物，終身不反，悲夫！（〈庚桑楚篇〉）
5.楊朱之弟楊布，衣素衣而出。天雨，解素衣衣緇衣而反。其狗不知而吠之。楊布怒，將擊之。楊朱曰：「子毋擊也！子亦猶是。曩者使女狗白而往，黑而來，子豈	5.然於然，不然於不然，無物不然，無物不可。（〈齊物論篇〉） 天下是非果未可定也。（〈至樂篇〉） 天下非有公是也，而各是其所是。（〈庚桑

能無怪哉？」（《韓非子・說林篇》）

6.美者自美，惡者自惡。（《韓非子・說林篇》）

7.楊朱見梁王。（《說苑・政理篇》）

8.僕子曰：「楊子智而不知命。」（《說苑・權謀篇》）

楚篇〉）

6.與其譽堯而非桀也，不如兩忘而化其道。（〈大宗師篇〉）

7.莊子衣大布，正縻係履而過魏王。（〈山木篇〉）

8.知人之所為者，以其知之所知以養其知之所不知，終其天年而不中道夭者，是知之盛也。（〈大宗師篇〉）

明於權者，不以物害己。（〈秋水篇〉）

察乎安危，寧於禍福，謹於去就，莫之能害也。（〈秋水篇〉）

達生之情者，不務生之所無以為。（〈達生

	篇〉） 達命之情者，不務知之所無奈何。（〈達生篇〉）
9.季梁之死，楊朱望其門而歌。（《列子・仲尼篇》）	9.莊子妻死，箕踞鼓盆而歌（〈至樂篇〉）

觀乎此，楊莊思想直相等耳，豈相似已哉！則楊莊之為一人，無疑義矣。莊周（莊子書）思想，另專文《道家思想之發展》詳之，茲不論。

結論：莊子新傳

楊莊一人，上六論證證之無疑，則史公舊傳有不得行者矣。今為作新傳，傳曰：

莊子者，莊周也。本姓楊名朱，見斥於孟子，其徒惡之，為改書曰莊周云，蓋同音也。周，宋之蒙人也。約生周安王二十二年，宋桓公元年頃。有弟布。少嘗為蒙漆園吏。後遊魏，與季梁善，或嘗與惠施交。說梁惠王，王以其放蕩也弗納，譏周有一妻一妾不能治，三畝之園不能芸。蓋周亦有用世意，至是因益放蕩自恣。且列國相爭，自古以來，生民慘劇，此為最矣。周因益思其由，遂成其自我哲學，而自遺世，世亦莫能致焉。周之學蓋承戰國之弊而反自索者，所以喚醒自我，不為外物用也。外物維何?上者為國家，下者為社會，大者權利，小者日用，莫非外物也。其排外物，則斥國家，廢社會，揮棄名利財貨，而自我為存。是蓋當世之所最苦，故周之學風靡人心，其言盈天下，天下皆歸之；以儒墨之盛，莫與相敵，故孟子闢之最力。孟子者，自儒之雄也，與同時而未嘗謀面。孟子之遊梁，年約五十許，周時已老，約六七十，久隱故園，故不得相值。使得相值也，史遷曰自當世宿學皆不得免，軻其不免矣。故莊子書中不及孟子者，以孟子自後其行耳。周之名既滿天下，楚威王欲聘為相，周謂寧曳尾塗中，釣魚不顧。惠施相梁，從車百乘以過蒙，周見之，棄其餘魚。施蓋利祿之徒，仕而已，周固弗之齒矣。季梁死，周望其門而歌。周妻死，箕踞鼓盆。其驚世駭俗如此。周外似達而內實窒，蓋中國第一悲觀哲學家也。彼未得直承性命如孔孟者，孔孟固達者也，周則未得達也。孔孟不言自我，是以不計窮通，不言死生。周言自我，雖外窮通不為意，獨耿耿不忘死生，蓋為言自我也。我者一生一死，言我則不得忘死生矣。故周之書於死生獨不得忘懷焉。周之為人也簡，雖言滿天下，未嘗著書。今之莊子書，皆其徒之所為，周未嘗著一字也。然莊子書固周一家言也，周雖未嘗親為之，周之言盡在於是矣。周卒約周赧王二十五年，宋偃王四十八年頃，壽將九十云。

三民叢刊書目

①邁向已開發國家　孫　震著
②經濟發展啟示錄　于宗先著
③中國文學講話　王更生著
④紅樓夢新解　潘重規著
⑤紅樓夢新辨　潘重規著
⑥自由與權威　周陽山著
⑦勇往直前　石永貴著
・傳播經營札記
⑧細微的一炷香　劉紹銘著
⑨文與情　琦　君著
⑩在我們的時代　周志文著
⑪中央社的故事（上）　周培敬著
・民國二十一年至六十一年
⑫中央社的故事（下）　周培敬著
・民國二十一年至六十一年
⑬梭羅與中國　陳長房著
⑭時代邊緣之聲　龔鵬程著
⑮紅學六十年　潘重規著
⑯解咒與立法　勞思光著
⑰對不起，借過一下　水　晶著
⑱解體分裂的年代　楊　渡著
⑲德國在那裏？（政治、經濟）　郭恆鈺、許琳菲等著
・聯邦德國四十年
⑳德國在那裏？（文化、統一）　郭恆鈺、許琳菲等著
・聯邦德國四十年
㉑浮生九四　蘇雪林著
・雪林回憶錄
㉒海天集　莊信正著
㉓日本式心靈　李永熾著
・文化與社會散論
㉔臺灣文學風貌　李瑞騰著
㉕干儛集　黃翰荻著

㉖作家與作品　謝冰瑩著
㉗冰瑩書信　謝冰瑩著
㉘冰瑩遊記　謝冰瑩著
㉙冰瑩憶往　謝冰瑩著
㉚冰瑩懷舊　謝冰瑩著
㉛與世界文壇對話　鄭樹森著
㉜捉狂下的興嘆　南方朔著
㉝猶記風吹水上鱗　余英時著
　·錢穆與現代中國學術
㉞形象與言語　李明明著
　·西方現代藝術評論文集
㉟紅學論集　潘重規著
㊱憂鬱與狂熱　孫瑋芒著
㊲黃昏過客　沙　究著
㊳帶詩蹺課去　徐望雲著
㊴走出銅像國　龔鵬程著
㊵伴我半世紀的那把琴　鄧昌國著
㊶深層思考與思考深層　劉必榮著
　·轉型期國際政治的觀察
㊷瞬　間　周志文著

㊸兩岸迷宮遊戲　楊　渡著
㊹德國問題與歐洲秩序　彭滂沱著
㊺文學關懷　李瑞騰著
㊻未能忘情　劉紹銘著
㊼發展路上艱難多　孫　震著
㊽胡適叢論　周質平著
㊾水與水神　王孝廉著
　·中國的民俗與人文
㊿由英雄的人到人的泯滅　金恆杰著
　·法國當代文學論集
(51)重商主義的窘境　賴建誠著
(52)中國文化與現代變遷　余英時著
(53)橡溪雜拾　思　果著
(54)統一後的德國　郭恆鈺主編
(55)愛盧談文學　黃永武著
(56)南十字星座　呂大明著
(57)重疊的足跡　韓　秀著
(58)書鄉長短調　黃碧端著
(59)愛情·仇恨·政治　朱立民著
　·漢姆雷特專論及其他

⑥⓪蝴蝶球傳奇　顏匯增著
・真實與虛構
⑥①文化啓示錄　南方朔著
⑥②日本這個國家　章　陸著
⑥③在沉寂與鼎沸之間　黃碧端著
⑥④民主與兩岸動向　余英時著
⑥⑤靈魂的按摩　劉紹銘著
⑥⑥迎向眾聲　向　陽著
・八〇年代臺灣文化情境觀察
⑥⑦蛻變中的臺灣經濟　于宗先著
⑥⑧從現代到當代　鄭樹森著
⑥⑨嚴肅的遊戲　楊錦郁著
・當代文藝訪談錄
⑦⓪甜鹹酸梅　向　明著
⑦①楓　香　黃國彬著
⑦②日本深層　齊　濤著
⑦③美麗的負荷　封德屏著
⑦④現代文明的隱者　周陽山著
⑦⑤煙火與噴泉　白　靈著

⑦⑥七十浮跡　項退結著
・生活體驗與思考
⑦⑦永恆的彩虹　小　民著
⑦⑧情繫一環　梁錫華著
⑦⑨遠山一抹　思　果著
⑧⓪尋找希望的星空　呂大明著
⑧①領養一株雲杉　黃文範著
⑧②浮世情懷　劉安諾著
⑧③天涯長青　趙淑俠著
⑧④文學札記　黃國彬著
⑧⑤訪草（第一卷）　陳冠學著
⑧⑥藍色的斷想　陳冠學著
・孤獨者隨想錄
⑧⑦追不回的永恆　彭　歌著
A・B・C全卷
⑧⑧紫水晶戒指　小　民著
⑧⑨心路的嬉逐　劉延湘著
⑨⓪情書外一章　韓　秀著
⑨①情到深處　簡　宛著
⑨②父女對話　陳冠學著

⑨③陳冲前傳　嚴歌苓著
⑨④面壁笑人類　祖　慰著
⑨⑤不老的詩心　夏鐵肩著
⑨⑥雲霧之國　合山　究著
⑨⑦北京城不是一天造成的　喜　樂著
⑨⑧兩城憶往　楊孔鑫著
⑨⑨詩情與俠骨　莊　因著
⑩⓪文化脈動　張　錯著
⑩①桑樹下　繆天華著
⑩②牛頓來訪　石家興著
⑩③深情回眸　鮑曉暉著
⑩④新詩補給站　渡　也著
⑩⑤鳳凰遊　李元洛著
⑩⑥文學人語　高大鵬著
⑩⑦養狗政治學　鄭赤琰著
⑩⑧烟　塵　姜　穆著
⑩⑨河　宴　鍾怡雯著
⑪⓪滬上春秋　章念馳著
⑪①愛廬談心事　黃永武著
⑪②吹不散的人影　高大鵬著
⑪③草鞋權貴　嚴歌苓著
⑪④是我們改變了世界　張　放著
⑪⑤夢裡有隻小小船　夏小舟著
⑪⑥狂歡與破碎　林幸謙著
⑪⑦哲學思考漫步　劉述先著
⑪⑧說涼　水　晶著
⑪⑨紅樓鐘聲　王熙元著
⑫⓪寒冬聽天方夜譚　保　真著
⑫①儒林新誌　周質平著
⑫②流水無歸程　白　樺著
⑫③偷窺天國　劉紹銘著
⑫④倒淌河　嚴歌苓著
⑫⑤尋覓畫家步履　陳其茂著
⑫⑥古典與現實之間　杜正勝著
⑫⑦釣魚臺畔過客　彭　歌著
⑫⑧古典到現代　張　健著
⑫⑨帶鞍的鹿　虹　影著
⑬⓪人文之旅　葉海煙著

⑬1 生肖與童年　小　民著　喜　樂圖
⑬2 京都一年　林文月著
⑬3 山水與古典　林文月著
⑬4 冬天黃昏的風笛　呂大明著
⑬5 心靈的花朵　戚宜君著
⑬6 親　戚　韓　秀著
⑬7 清詞選講　葉嘉瑩著
⑬8 迦陵談詞　葉嘉瑩著
⑬9 神樹　鄭　義著
⑭0 琦君說童年　琦　君著
⑭1 域外知音　張堂錡著
⑭2 遠方的戰爭　鄭寶娟著
⑭3 留著記憶・留著光　陳其茂著
⑭4 滾滾遼河　紀　剛著
⑭5 王禎和的小說世界　高全之著
⑭6 永恆與現在　劉述先著
⑭7 東方・西方　夏小舟著
⑭8 嗚咽海　程明琤著
⑭9 沙發椅的聯想　梅　新著
⑮0 資訊爆炸的落塵　徐佳士著

⑮1 沙漠裡的狼

白樺 著

像在冷冽的冬夜裡啜飲著濃烈的茶，感受一種在蒼茫大地上，心海澎湃的震顫。那麼地古老、深沈，剎時間，恍若置身廣闊的大漠，一回首，就是長城。這是金鼎獎作家又一直指人性，內容深刻的作品，請您在一個適合沈思的夜晚，漫步中國。

⑮2 風信子女郎

虹影 著

一本能深刻引起讀者共鳴的小說，其必然與人世現實生活有著緊密的關連。本書作者秉持著對人的命運的關切，遠勝於對以往藝術形式的關注，賦予了文學創作的生命。從本書作者對人物刻劃描述的過程中，可窺知作者對此一理念的堅守。

⑮3 塵沙掠影

馬遜 著

生命的旅途中，有許多可掌握的機運，但似乎一半早已註定……。馬遜教授從故鄉到異國求學，最後來臺定居，繼而與佛結了不解之緣。滿懷豐富的情感，細膩的筆觸，深刻的寫下了旅赴歐美等地之點滴情事，而念舊懷恩之情愫亦時時浮現於文中。

⑮4 飄泊的雲

莊因 著

歲月的洗禮，在人們內心深處烙印著痛苦、悲哀、快樂與美好的回憶。由於時代的變動、戰爭的摧折，作者歷盡滄桑的輾轉遷徙，使那些漂流不定、幻化多變的過往，煥發出人生的智慧。就讓我們乘著飄泊的雲，領會「知足常樂，隨遇而安」的生活哲理。

⑮⑤ 和泉式部日記

林文月 譯・圖

本書為日本平安時代文學作品中與《源氏物語》、《枕草子》鼎足而立的不朽之作。書中以簡淨的日記形式，記錄了一段不為俗世所容的戀情。優美的文字，纏綿的情詩，展現出愛情生活中細膩的起伏感受與歡愁，穿越時空，緊扣你我心弦。

⑮⑥ 愛的美麗與哀愁

夏小舟 著

愛情之於女人，常常是引誘飛蛾撲火的明燈，是絢麗的毒花，可女人偏偏渴望愛情。作者列舉許多男女的愛情、婚姻故事，郎才女貌未必幸福，摯情摯愛未必有緣，只是男人與女人之間如同萬物的規則，一物降一物，鹵水點豆腐，魔高一尺，道高一丈。

⑮⑦ 黑月

樊小玉 著

丁小玎隨著所在的中國公司到國外做勞務承包。因為是公司的英語翻譯，加上辦事勤快，見了人又總是一個柔柔和和的笑，於是很快就引起當地大部分男人的注意；而小玎能否在心儀的外交人員與愛慕自己的餐廳老闆間找到最後情感的歸宿？……

⑮⑧ 流香溪

季仲 著

作者透過一群「沿江吉普賽人」在流香溪畔發生的動人故事，牽引出現代觀念與傳統文化的價值矛盾、中日文化的碰撞衝突、人與自然的挑戰，以及善與惡的拉扯等；全書行文時而如行雲流水，時而又如波濤洶湧，讀來意趣盎然，發人深省。

159 史記評賞

賴漢屏 著

司馬遷《史記》一三〇篇，既是「究天人之際，通古今之變」的史學鉅著，也是我國古代傳記文學的精華。本書作者自幼即喜讀《史記》，從師學習，如今蘊藉已深，以其深厚的治學基礎，發為見解獨具的文采丰華，帶領讀者一探《史記》博雅的世界。

160 文學靈魂的閱讀

張堂錡 著

文學的力量使孤寂的心靈得到慰藉，貧乏的人生變得富有，唯有肯駐足品味的人才能透晰其所傳達出最深藏的祕密。本書共分三輯，窺視文學蘊含的殷情深意；感受其求新求變以及對大環境的價值。各自激發不盡的聯想與深沈的感動。

161 抒情時代

鄭寶娟 著

在平淡無奇的生活中，你可曾留意生命中點點滴滴不平凡的小故事？作者以其平實的筆觸，刻劃出看似平凡卻令人難以遺忘的人生軌跡，你我都可能身在其中。書中情節所到之處，或許平凡、或許悲傷，但卻也不時充滿著生命的躍動，值得細細體會。

162 九十九朵曇花

何修仁 著

人生有多少夢境會在現實中重複出現？是山間的樵歌？白雲間的群雁？還是昔日遠方純樸、悠閒的鄉間漫步？作者來自屏東，以濃郁深摯的筆調，縷縷細述人生中最動人的記憶，伴隨你我，步履於南臺灣的舊日情懷，一同感受人間最純摯的情感。

(163) 說故事的人

彭歌 著

這是作者多年來觀察文壇、社會與新聞界的肺腑之言。輯一故事與小說自不同角度探討小說寫作；輯二人與文刻劃出許多已逝人物卓然不凡的風範；輯三海外生涯則寫遊記、觀賞職籃等旅居海外之觀感。讀了此書，彷彿親身經歷了一趟時空之旅。

(164) 日本原形

齊濤 著

從明治維新以來，日本的一舉一動都對世界有著深遠的影響，尤其對臺灣來說，其影響更是巨大。作者長期旅日，摒除坊間「媚日」或「仇日」的論調，以客觀的描述，剖析日本的現形。對想要了解日本時勢與脈動的人來說，是不得不看的一本好書。

(165) 從張愛玲到林懷民

高全之 著

作者以嚴謹誠虔的態度，客觀分析的筆調，來評論臺灣當代小說，深深讓讀者了解近代文學的特點，進而深入九位作者的作品中，提供一些深刻的創見，帶領你我欣賞文學的美與實，進而體驗文學對生命喜悅、悲哀等生動的描述。

(166) 莎士比亞識字不多？

陳冠學 著

莎士比亞識字不多！一直以來被誤認是個偉大的作者。讀過本書，應能還莎士比亞一個清白，他絕對不是一個掠美者。這把聖火在臺灣重新點燃，希望將來這聖火能夠由臺灣再度傳回英國，傳到世界各地，也好讓莎士比亞的靈魂得到真正的安息。

⑯⑦ 情思・情絲

龔華 著

「妳，像野薑花；清香，混合在黎明裏，催我甦醒。沒有妳，我睜不開眼睛，走進陽光的世界。她，是我在黃昏裏，永遠踩不到的影子。像夜來香，惑我走進黑夜的濃郁……」本書集結了龔華在〈中副〉發表的散文，篇篇情意真摯，意境深遠，值得細細品味。

⑯⑧ 說吧，房間

林白 著

一個是離婚、失業的中年婦女，一個是愛熱鬧的單身貴族。兩個背景、個性迥然不同的女子，為何會發展出一段患難與共的交情？且看兩個女子的心情告白。本書在作者犀利細膩的筆調下，深刻描繪出都會女子的愛恨情仇、悲歡離合，值得細細品味。

⑯⑨ 自由鳥

鄭義 著

六四事件的悲憤情緒才剛平復，對八九民運功過的批判聲音竟已隨之響起。對此，大陸流亡作家鄭義，以一幕幕民運歷程與鐵幕紀實，中訴著他的心痛與不平。文中流露對同胞的關懷和自由的嚮往，深深地牽引著每一個中國人心中的沈痛與感動。

⑰⓪ 魚川讀詩

梅新 著

詩是抒情的天堂，但並非每個人都能領會其中的意涵。本書是梅新先生的遺作，首創以雜文式的筆調評論詩作，不依恃理論，反而使篇章更形活潑，有就事論事的評述，也有尖銳的諷喻，語帶機鋒，趣味盎然。引領您一窺知性與感性的詩情世界。

⑰ 好詩共欣賞

葉嘉瑩 著

本書作者葉嘉瑩教授，融會西方接受美學、符號學及中國詩論，來解讀陶淵明、杜甫、李商隱的作品，分析了三人作品的形象、情意和其中所含的隱微深意，並從興發感動讀者的角度來詮釋作品的成功與否，是喜愛古典詩的讀者不可錯過的好書。

⑰ 永不磨滅的愛

楊秋生 著

現代人的生活壓力大，使得人生危機四伏，生活充滿徬徨、疲倦和無力感。如何化解此一危機？作者以多年學佛的體驗，以及和家人朋友互動的點點滴滴，而了解到愛的真義，並希望能將愛分享給每個人，以重燃信心和希望。

⑰ 晴空星月

馬遜 著

大崙山上，晴空萬里，夜色如銀，星月交輝。作者因佛緣，追隨曉雲法師的步履，出掌華梵大學，以發揚佛教教育為己任。本書除叮嚀青年學子的話語外，還有對社會大眾闡發佛法精神的演講。其智慧的話語，如醍醐灌頂，為淨化心靈的一帖良方。

⑰ 風　景

韓秀 著

韓秀，一個出生於紐約，卻長年往返於世界各地的奇女子。在雅典、在開羅、在布達佩斯、在臺北、在高雄、在北京，作者皆能以其敏銳的心觀察她所造訪過的每一寸土地，以其向具纖細的筆觸，使一幅又一幅的動人「風景」躍然出現在您的面前！

⑰⑤ 談歷史 話教學

張元 著

作者以二位高一新生對歷史課程的困惑為引子，藉著師生座談對話的方式，從北京人時代到西晉，針對高中歷史教材，試圖以「史料閱讀」的方法鮮明地建構各代的歷史圖像，在活潑的對白間既談歷史意涵又話歷史教學，相當適合高中教學的參考。

⑰⑥ 兩極紀實

位夢華 著

任何人想要親臨兩極之地恐怕都不是件容易的事。作者因從事研究工作之便，足跡跨越兩極，將在極地所見所聞之動物奇觀、自然景致乃至當地所受文明衝擊，或以幽默輕鬆，或以深沈關懷的筆調娓娓道來，是無緣親至極地的讀者絕不可錯過的佳作。

⑰⑦ 愛是心甘情願

夏小舟 著

世上只有兩種人，男人和女人。然而男女之間的恩愛情仇，卻糾葛難解。本書作者以一篇篇幽默的短篇故事，道盡世間男女的愛恨嗔痴。在她細膩委婉的筆下，愛情的本質和婚姻的面貌都一一呈現，必可帶給你前所未有的感受與體悟。

⑰⑧ 時間的通道

簡宛 著

「人生，是一條時間的通道，每一個人所走的方向和目標雖然不一樣，但是經過的路程卻是相似的……」當人們沈溺於歲月不待人的迷茫和感嘆時，作者平實的筆調將帶著我們對生活多用一點心思和一點執著，會使我們的「通道」裏，留下一點痕跡。

國家圖書館出版品預行編目資料

莎士比亞識字不多?／陳冠學著．--
初版．--臺北市：三民，民87
面；　公分．--(三民叢刊；166)
ISBN 957-14-2724-1（平裝）

1. 莎士比亞 (Shakespeare, William, 1564-1616)-傳記

784.18　　　86014611

國際網路位址　http://sanmin.com.tw

著作人　陳冠學
發行人　劉振強
著作財產權人　三民書局股份有限公司
臺北市復興北路三八六號
發行所　三民書局股份有限公司
地　址／臺北市復興北路三八六號
電　話／二五〇〇六六〇〇
郵　撥／〇〇〇九九九八——五號
印刷所　三民書局股份有限公司
門市部　復北店／臺北市復興北路三八六號
重南店／臺北市重慶南路一段六十一號
初　版　中華民國八十七年一月
編　號　S 81082
基本定價　叁元捌角
行政院新聞局登記證局版臺業字第〇二〇〇號

ISBN 957-14-2724-1（平裝）